재 미 가
세 상 을
바 꾼 다

코로나19를 이기는 힘

재미가 세상을 바꾼다

초판 1쇄 인쇄일 2021년 3월 29일
초판 1쇄 발행일 2021년 4월 2일

지은이 박인옥 · 김병일
펴낸이 양옥매
디자인 임흥순 · 임진형
교 정 조준경

펴낸곳 도서출판 책과나무
출판등록 제2012-000376
주소 서울특별시 마포구 방울내로 79 이노빌딩 302호
대표전화 02.372.1537 **팩스** 02.372.1538
이메일 booknamu2007@naver.com
홈페이지 www.booknamu.com
ISBN 979-11-5776-740-3 (03320)

코로나19를 이기는 힘

재미가
세상을
바꾼다

● 박인옥 김병일 지음

책나무

희망은 웃음으로
시작된다

:)

세계는 지금 코로나라는 엄청난 재앙 앞에서 공포 속에 떨고 있다. 연일 TV를 켜고 상황을 지켜보면서 그래도 이달은 안 넘기겠지 했는데 어느덧 2021 새해가 되었다. '언제까지 불안에 떨고 있을래?' 스스로에게 질문을 던져 본다.

나 역시도 모든 강의가 중단된 상태에서 언제까지 될지 모를 기나긴 시간을 보내면서 시간은 어차피 흐르는 것인데 이대로 있을 수는 없다는 생각이 들었다. 그래서 '재미'에 대한 책을 집필하게 되었다. 나의 글로 갑자기 재미에 관심을 가질 수는 없겠지만, 왜 재미가 필요하며 우리 삶과 어떤 관계를 가지고 있을지 그리고 재미가 '나'에게 있어 어떤 의미를 갖고 있는가에 대해 생각해 보는 계기가 되길 바란다.

나의 이런 노력이 단지 재미를 이해하기 위한 것으로 끝난다면 이는 심심풀이 글 장난에 불과할 것이다. 중요한 것은 재미가 아무리 내게 유익하고 살아가는데 많은 도움을 준다 해도 내가 살아가는 '삶'에 실천하고 적용하지 못하면 모든 여정은 의미가 없을 것이라는 점이다.

내가 재미에 관심을 가지고 연구를 하는 이유는 재미를 통해 나를 포함해서 다른 분들의 삶까지도 더욱 풍요로워지기를 바라는 마음에서이다. 또한 재미를 통해 재미있게 사는 삶의 지혜를 배울 수 있을 것이라는 믿음 때문이다.

내 삶에서 재미는 빼놓을 수 없는 그 자체이다. 지금까지 재미는 내가 처한 현실을 견뎌 낼 수 있게 해 주었다. 또한 재미는 결코 웃고 지나치는 것으로 끝나 버리는 가벼운 것에 불과한 것이 아니며, 삶을 변화시키고, 조직을 변화시키며, 대인관계에서 오는 갈등도 해결해 준다는 것을 거듭 말하고 싶다.

어렵고 힘든 상황이라도 긍정적이고 낙천적으로 생각하게 해 주는 웃음이 곳곳에 희망을 주고, 지쳐 있는 사람들을 다시 일어나게 한다면, 우리의 삶은 예전처럼 회복될 수 있다. 또한 재미와 웃음은 전염성이 강하기 때문에 조직의 결속력을 다지는 접착제 역할까지 할 것이다. 과거에는 웃음이 많지 않았던 우리나라 사람들도 최근 들어 웃음에 대한 관심이 높아졌고, 웃음을 통해 마음의 여유를 가지려고 노력하고 있다. 이 책을 통해 재미와 웃음에 대한 가치를 살펴보고, 웃도록 노력해 보자.

누구든 눈앞에 닥친 위기의 순간에 웃는다는 것은 쉬운 일이 아니다. 하지만 상황은 내가 어떤 마음을 갖느냐에 따라 얼마든지 달라질 수 있다. 위기를 기회로 삼아 성공을 거둔 사람이 있는가 하면, 위기를 이겨 내지 못하고 영원히 주저앉는 사람도 수없이 보아왔다. 고통 속에서도 버텨 나갈 수 있는 것은 힘은 바로 '희망'이다. 그 희망을 위해서라도 오늘도 많이 웃자. 웃자, 우짜짜!

박 인 옥

행복의 문은
웃는 자에게 보인다

죽을 만큼 힘들고 희망조차 보이지 않았던 순간이 지나고 나면 견딜 만큼의 고통이었다는 것을 깨닫게 된다. 한창 취직을 해서 일하고 있는 젊은이들이 왜 이렇게 사는 것이 힘드냐고 푸념한다. 생각해 보니 내 20대도 공부도, 취직도, 어느 한 가지도 뜻대로 되는 것이 없어 너무나 힘들었다.

살아 보니 산다는 것은 행과 불행, 여기저기에서 일어나는 일들과 사건의 연속이다. 그 속에서 어제와 조금씩 달라지는 것을 느끼면서 나이를 먹고 나로 거듭나면서 지금까지 온 것 같다. 어떻게 삶을 바라보느냐에 따라 내가 달라질 수 있다.

• 절망과 희망 − 절망적인 순간에 19년 전 중국 진출이 희망이 되어 주었다.
• 고통과 기쁨 − 매 순간 힘든 일도 많았지만 그 속에서 기쁜 일도

있었다. 그래서 견딜 수 있었다.

- 위기와 기회 극복 – 위기라고 느끼는 순간 또 다른 기회가 찾아 와 주었다.
- 끝과 시작 사이 – 끝은 항상 내게 또 다른 시작을 알려 주었다.
- 내리막과 오르막 – 마지막이라고 생각한 순간 다시 오르막에 오 를 에너지가 생겼다.
- 실패와 성공 – 실패를 통해 더 이상 실패하지 않는 방법을 배우 게 되었다.
- 바닥과 정상 – 바닥까지 내려가 보았기에 겸손을 배웠다.
- 어둠과 밝음 사이 – 어둠 속에서 밝은 빛을 보았다.
- 소유와 공유 사이 – 사람은 소유하는 것이 아니라 공유하는 것이 다. 소유하려 할수록 더 멀어진다. 함께하라.

중국에서 많은 분들을 만나 이야기를 하다 보면, 이제는 퇴물이 되어 아무것도 할 수 없어 좌절했는데 희망이 생겼다고 하는 분들 을 만나게 된다. 나보다 더 많은 것을 알고 계실 그분들께 내가 어 려움을 극복한 얘기를 진솔하게 말씀드리면, 위로가 되고 동기 부 여를 받게 된다고 하신다.

살다 보면, 어떤 사람은 "어쩌다가 내가 넘어졌나?" 하고 불평하 고, 또 어느 사람은 "크게 다치지 않아 다행이다."라며 감사해한다. 이렇듯 상황을 어떻게 받아들이느냐는 우리 삶에서 매우 중요하다.

행복의 문이 닫히면 다른 곳에 열리는데, 사람들은 닫힌 곳만 쳐다보느라 다른 곳에 열린 문을 보지 못한다고 한다. 현재 어려움을 겪고 있다면 '곧 좋은 일이 생기려고 어려움을 겪나 보다'라는 생각으로 희망을 가지시고, 긍정적으로 생각하시길 바란다. 불경기가 불같은 경기로, 너 때문이 아니라 네 덕분에로…. 그래야 견딜힘이라도 생기게 되니 말이다.

　내가 19년 전 중국에 처음 왔을 때 부지런한 한국에서 왔다는 말을 소개 첫마디에 넣으면 '맞다'라며 고개를 끄덕거려 주던 기억이 난다. 열심히 앞만 보고 살았어도 코로나로 인해 너무나 인간의 힘이 무력하다는 것을 느끼게 되는 요즘, 가게들이 문을 닫기도 하고, 회사에서는 매출이 줄어 부득이 구조조정을 해야 하는 상황이 오기도 한다.

　누군가는 일만 잘되면 재미있게 살라고 말하지 않아도 재미있게 살 수 있다고 볼멘소리를 할지도 모른다. 힘들고 어렵지만 그럼에도 긍정적인 마음을 가지고 웃어 보자. 분명 좋은 일이 눈앞에 일어날 것이다. 나 역시 그렇게 믿으면서 하루를 시작한다.

칭다오에서
김 병 일

PART.3 재미의 기술

PART.4 국민을 웃게 하는 대통령

PART.5 재미를 주는 유머

PART.6 재미를 주는 유머의 종류

PART. 1

재미 경영

"직원이 웃으니 매출도 웃네요."
매장을 찾은 고객에게
웃음을 주기 위한 문구다.
'신바람 나는 일터'를 만들기 위해
기업들이 나서야 한다.
특히 코로나로 침체된 분위기에서는
웃음이 더욱더 필요하다.

재미 Jaemi 란 무엇인가

재미의 개념을 설명하는 여러 이론들은 우리가 왜, 어떻게 재미 있게 살아갈 수 있는지를 설명해 준다. 또한 우리가 살아가는 데 있어서 현실 앞에 놓인 장애와 어려움을 극복하는 에너지는 어디서 나오며, 어려움을 극복해 내는 능력은 무엇인지도 알게 해 준다. 그러나 그 이론들이 모든 것을 설명하기에는 많은 한계와 부족함을 가지고 있다.

우리는 긍정적인 감정 속에서 '재미있다', '만족스럽다', '즐겁다', '유쾌하다' 등 다양한 말로 표현할 뿐이다. 이러한 긍정적 정서에서 나오는 기분 좋은 느낌은 어떤 상황이나 학습 속에서 만족을 느끼거나 재미를 느끼는 감정으로 말할 수 있는데, 특히 '재미'와 즐거움을 비슷한 개념으로 많이 사용하고 있다. 재미에 대한 여러 학자들의 정의가 있지만 주관적이기 때문에 구체적인 정의는 없다.

재미란 어떠한 것에 대해 결과나 보상에 기대 없이 활동하는 자체에 적극적으로 참여하고 몰두하는 정서 상태를 말하며, 즐거움이란 만족이나 기쁨과 같은 보상을 기대하는 수동적인 정서 상태라고 한다. 이러한 구분은 마치 재미와 즐거움이 본질적으로 서로 다른 상반된 감정으로 이해되기도 한다.

사람들은 누구나 행복하게 살고자 하는 욕구를 가지고 있는데, 그러기 위해서는 살아가는 데 재미(Jaemi)를 지속적으로 느끼는 것이 필요하다. 재미라는 단어가 추상적이고 매우 주관적이기는 해도 우리 삶 속에는 반드시 필요한 요소라고 할 수 있다. 재미는 그냥 목적 없이 그 자체만을 즐기는 과정이며 자발적으로 일어나야 한다고 하였다. 인간이라면 누구나 자신의 능력을 계발하고 스스로 원하는 활동에 자신이 참여하고 싶어 하는 욕구가 있으며, 이 모든 것의 즐거운 느낌은 자발성이 부족한 상태에서는 이루어지기 어렵다.

재미의 중요성

요즘 현대인들은 바쁜 일상생활과 심한 경쟁 속에서 살면서 사람과의 관계보다는 컴퓨터나 모바일 등으로 하루의 많은 시간을 보내고 있을 뿐 아니라 코로나19로 인해 한마디로 사는 것이 너무나 힘들다. 그래도 올해는 백신도 나오니 다시 일상으로 돌아갈 것이라는 희망을 품고, 삶의 활력과 의미를 찾고 건강하게 살기 위해서 우리 삶 속에서 재미를 즐길 필요가 있다.

물론 현재의 삶 속에서 처한 현실은 아이 어른 할 것 없이 다들 힘들어 처절한 생존의 전쟁을 치루고 있어 '재미'를 논하는 것부터가 조심스럽지만, 그럼에도 긍정적이고 희망을 가져야겠기에 재미있게 지내시라고 말하고 싶다.

우리나라 사람들이 열심히 사는 건 해외에서도 인정하는 사실이다. 남들이 백 년 걸려 이룰 산업화를 한국은 고작 몇 십 년 만에 해낸 성과가 이를 입증한다. 언젠가 방송인 샘 해밍턴이 방송사와의 인터뷰에서 "한국 사람들이 오직 일만을 위해 살지 말고 삶을 좀 여유 있게 즐기며 살았으면 좋겠다."고 말했을 정도로 우리나라 사람들은 즐기기보다는 일만 하고 살았다고 해도 과언이 아니다. 우리는 열심히 사는 건 알아도 재미있게 사는 건 모르는 것 같다.

코로나19와 경기 침체 등의 우울한 사회 분위기와 맞물려 재미와 웃음을 원하는 마케팅이 소비자의 변화를 유도하고 있다. 기업을 대상으로 조사한 결과, 유머와 웃음이 넘치는 직원들이 일을 잘하고 경영자들도 유머러스하거나 웃기는 직원들을 채용하겠다고 나섰다. 재미있게 잘 노는 사람이 일도 잘한다. 재능 있는 사람은 노력하는 사람 못 따라가고, 노력하는 사람은 즐기는 사람 못 따라가고, 즐기는 사람은 미친 사람 못 따라간다고 하지 않던가?

✌️ 아이디어

어려운 고비에 처한 회사의 경영진들이 1,000만 원의 상금을 걸고 회사 경비를 절감하기 위해서 아이디어를 공모했다. 상금이 상금인지라 많은 직원들이 참여했는데 대상은 다음과 같은 아이디어가 받았다.

"앞으로 이런 아이디어 공모에는 상금을 100만 원으로 줄여야 합니다."

재미와 행복지수

재미가 행복해지기 위한 필수 요소는 아니지만 적어도 삶이 재미 있다고 느껴지면 행복감도 높아지지 않을까 싶다. 행복에 대한 체감 수준은 사람들이 삶에서 느끼는 재미의 정도를 짐작할 수 있게 해 준다.

경제협력개발기구(OECD)의 2017년 '더 나은 삶 지수(Better Life Index)란 보고서에서, 한국인들의 삶의 만족도는 10점 만점에 5.9 점으로 41개국 중 가장 낮았고, 행복도에 직접적인 영향을 미치는 사회적 지지도는 가장 낮았다. 그리고 직장인이 하루 중에서 쉬는 시간은 22개국 중 15위 수준이었다.

우리 사회에서 우울증과 자살이 증가하는 현상은 우리 삶이 얼마나 무료하고 재미가 없는지를 단적으로 보여 준다. 우울증이나 자살은 약물 치료나 따로 처방이 필요할 수도 있지만, 사는 것이 재미 있다면 굳이 이런 것들이 필요 없을 것이다. 재미가 직접적인 치료가 되지는 않더라도 이런 사회적 문제를 줄이는 데는 중요한 요소가 될 것이라고 본다.

2020년 여성 CEO가 많은 중국은 존재감을 과시하며 경제를 이끌어 왔지만 최근 코로나 사태로 하나씩 무너지면서 중국 여성들의 극단적인 선택이 늘고 있다고 한다. 우리나라도 갑작스러운 불경기로 현재까지 13년간 OECD 회원국 가운데 자살률 1위라는 불명예를 안고 있다.

인구 10만 명당 한국의 자살률은 2020년 기준 26.9명으로 OECD

국가 평균 자살률(12.1명)과 비교해 두 배가 넘는 수이다. 또한 청소년, 청년층에 이어 노인 자살률까지 높은 수준을 보이고 있어 우리 사회가 심각한 상황이라는 것을 알 수 있다. 이러한 상황에서 재미가 동력(動力)이 되어 주지 않는다면 사회 문제는 전혀 해결되지 않을 것이다.

재미는 '새로운 자극'을 의미한다. 우리의 뇌는 새 자극에 대해 도파민과 같은 쾌락 물질을 분비하고 대신 즐거움이란 보상을 제공한다. 여기서 새로운 자극이란 전과 비교하여 또 다른 자극을 뜻한다. 아무리 즐겁더라도 반복된 재미가 뇌를 자극하지 못하는 이유는 더 이상 새로운 자극이 될 수 없기 때문이다. 다른 자극을 계속받게 되는 뇌는 균형적인 뇌 발달을 하며, 다양한 즐거움까지 맛볼수 있게 해 주므로 우리가 재미있게 사는 것은 매우 중요하다.

재미 경영,
웃음이 신바람이다

생존 경쟁이 치열한 기업과 그 직장에서 몸담고 있는 조직원에게
재미가 경쟁력의 필수 요건이 된 지는 족히 20년은 된 듯하다. 모
기업에서 재미 경영 실천 후 회사 내에 임직원들을 대상으로 설문
조사를 한 결과 생산성 향상과 조직문화 활성화 및 고객 만족에 기
여한다는 것을 발표한 적이 있다. 또한 기업의 경영 원리에 재미 경
영을 가장 먼저 도입한 그룹에서는 '재미있는 사람을 우선적으로 채
용하고 싶어한다. 재미있는 직원이 그렇지 않은 직원보다 일을 더
잘한다고 믿는다.'는 조사 결과도 나왔다.

고객 감동의 대상이 직원임을 아는 기업은 내부 고객인 직원들과
더불어 즐거움을 찾기 위해 다양한 전략을 구사하고 있다. 재미 경
영이 바로 사람을 우선적으로 하는 사람 경영이라는 것을 익히 알
고 있기 때문이다. 이것이 핵심 개념이 되어 많은 외국의 기업들과
한국의 대기업들이 재미 경영에 관심을 갖고 있다.

이렇게 일터에서 다양한 즐거움을 찾는 재미 경영은 '좋은 일터',
'직원 만족 경영', '신바람 일터', '서비스 경영', '행복 경영', '유머
경영' 등 다양한 이름으로 진행되고 있다. 결국 재미 경영이란 '회사

를 신나는 일터로 만들어 임직원들의 사기를 높이고, 고객 서비스를 한층 향상시킨다'는 이론이다. 자부심, 신뢰, 재미라는 3가지 핵심적인 개념으로 경영의 다양한 분야에 스며들어 있으며, 그 수를 헤아릴 수 없을 정도로 다양한 방법이 사용되고 있다.

왜 재미에 주목하는가?

'재미 마케팅'은 백화점, 마트 등의 물류업계와, 운송, 광고업계 등 전 분야에서 활용되고 있다. 이것은 경기 침체 등의 우울한 사회 분위기와 맞물려 재미와 웃음을 원하는 기성세대를 감성 소비자로 변화시키고 있다.

또한 인터넷 사용도 '재미'의 확산에 일조했다. 소비자들 간 빠른 정보 공유는 '재미'의 급속한 확산을 가능케 했다. 이렇게 확산된 '재미'는 디지털 시대에 살면서 아날로그 시대의 감성을 추구하는 디지로그(디지털+아날로그) 세대를 어필하면서 모든 산업과 사람들에게 광범위한 공감대를 형성하고 있다.

또한 'fun'과 'technology'를 합성한 '퍼놀로지'라는 신조어까지 만들어 냈을 뿐 아니라 '재미 마케팅'의 중요성이 부각되면서 '재미 경영'과 같은 성공을 위한 핵심으로까지 인식되고 있다. 면접 시 면접관을 웃겨 보라는 테스트가 있는가 하면, 직원 채용 시 재미있는 사람을 선택하겠다는 CEO가 80% 가까이 된다고 하니 시대가 많이 변한 것도 사실이다.

훌륭한 일터(GWP: Great Workplace) 운동의 창시자인 로버트 레버링 박사는 "회사의 가장 중요한 자산은 직원이라는 인식은 다시 말해서 회사들이 거래처, 고객 등 외부 가치보다 종업원과 기업 문화라는 내부 가치를 중시하는 시대가 열리고 있는 것을 의미한다."고 말했다. 그가 말하는 훌륭한 일터란 조직원들이 상사와 경영진을 신뢰하고 자신이 하는 일에 자부심과 일하는 재미를 느낄 수 있는 곳을 말한다. 이러한 일터는 대부분 흑자경영을 하고 있다.

즐거움이 비전이다

"저는 평생 일을 해 본 적이 없으며, 그저 너무나도 즐겁고 재미 있는 방송을 40년 가까이 해 왔을 뿐입니다. 꿈이 바로 저의 일입니다."

유명한 방송인 영국의 테리 웨건(Terry Wagan)의 말이다. "어떻게 하는 것이 재미있게 일하는 것이냐?"라는 질문에 대한 최고의 대답이다. 지금 하고 있는 일이 내가 원하는 인생의 꿈과 비전에 일치되어 있다면 우린 어떤 상황에서도 즐겁게 일을 할 수 있다. 주위를 둘러보면 비전이 있는 사람은 항상 즐겁게 일한다는 것을 쉽게 알 수 있다. 또한 즐겁게 일하는 사람은 인생에 대한 비전이 확실한 사람이다.

캘리포니아 항공회사의 사례는 비전이 얼마나 큰 즐거움인지를 보여 주는 대표적인 사례이다. 이 회사의 부서 중에 매년 최고의 만족과 실적을 보여 주는 부서가 있었는데, 놀랍게도 비행기의 엔진을 청소하는 부서였다. 그 부서원들은 모두 파란색의 심장외과 수

술복을 입고 있었다. 왜 수술복을 입고 있냐는 한 컨설턴트의 질문
에 이렇게 대답했다.

"우리는 비행기의 심장인 엔진을 청소하며 수술하는 사람들입니
다. 사람의 심장을 고치듯이 우린 비행기의 심장을 고치는 의사입
니다."

그들의 꿈은 바로 비행기를 고치는 의사였던 것이다. 가장 짧은
시간에 즐거운 사람이 되는 유일한 방법은 자신의 꿈과 비전을 생
각하는 것이다. 2-3초 내에 떨어지는 별똥별에 대고 소원을 이야
기할 수 있을 정도로 간절하다면, 일터에서든 가정에서든 반드시
행복할 수 있다.

즐거움의 대상은 사람이다

세계 최고의 동기부여가인 브라이언 트레이시는 성공의 85%는
인간관계에 달려 있으며 훌륭한 인간관계를 만드는 핵심은 바로 '웃
음'이라고 언급했다. 웃음은 감사와 칭찬을 기본으로 하고, 감사는
강력한 힘을 갖고 있다.

어느 사장님은 아침에 업무를 시작하기 전에 판매할 옷을 일일이
만지면서 "예쁜 옷들아, 감사하다."라고 말하며 또한 손님이 가게
앞으로 다가오면 마음속으로 "손님, 감사합니다."라는 말을 수없이
반복했다고 한다. 그러한 감사의 마음이 강한 자석처럼 손님의 마
음을 끌게 되었고, 부자가 되는 방법이었다고 한다. 우리가 너무도
잘 아는 디즈니랜드사는 '모든 직원과 손님에게 항상 감사하라'를

직원의 서비스 지침으로 삼고 있다.

지금 당장 감사와 칭찬을 할 수 있다면 사람 사이는 매우 우호적인 관계가 될 수 있다. 마음속으로라도 감사할 수 있고 장점을 찾을 수 있다면 상대와 나 사이의 벽은 존재하지 않는다. 잠시 상대를 바라보면서 장점과 감사거리를 찾아낼 수 있다면 당신은 이미 즐거운 사람이다.

웃음이 신바람이다

미국의 로버트 프로빈 교수는 웃음이 많은 그룹이 웃지 않는 그룹보다 평균 40%에서 300%까지 생산성이 증대되었다고 한다. 웃음이 많은 그룹이 적응력과 실적 면에서 영업력이 탁월하다는 것이다.

자동차 판매 왕으로 이름을 날린 조 지라드는 아직도 수많은 영업사원들에게 전설적인 존재로 널리 알려져 있다. 그는 "웃음의 위력을 알지 못하면 세일즈맨으로서 절대 성공할 수 없다."고 단언한다. 인간에게 얼굴이 있는 것은 "먹기 위해서나 세수하기 위해서도 아니며 면도하기 위해서도 아닌 오직 웃기 위해서"라고 말하는 탁월한 웃음예찬론자이다. 또한 웃음만이 모든 문을 여는 만능열쇠라고 말한다.

최고의 감정 상태에서 최고의 결과가 나온다고 말했던 세계에서 가장 위대한 10대 인물, 앤소니 라빈스는 웃음이야말로 우리를 최고의 감정상태와 즐거움으로 이끌어 준다고 말한다. 나 역시도 많은 대기업에서 재미와 웃음 관련 특강을 20여 년 넘게 해 오면서 깨달은 사실은, 스스로가 즐겁지 않고서는 어느 누구에게도 진정한 기쁨을 전해 줄 수 없다는 것이다. 신바람 나고 즐거움으로 가득한 조직을 만들기 위해 초빙된 내가 책임져야 할 몫이다.

모든 즐거움과 재미는 사람을 소중하게 생각하는 데에서 나오며, 그것을 실천했을 때 자신을 좋아하게 되고 회사를 아끼게 된다. 이런 재미가 바로 사람을 소중히 여기는 사람 경영인 것이다.

재미 마케팅에
열광하는 이유

'음식은 맛으로 승부하는 것이고, 제품은 성능만 좋으면 된다.'는 것은 이제 옛말이다. 음식이나 옷이나 또는 생활용품이나 가전제품까지도 이제는 '재미'의 요소가 있어야 소비자들의 관심을 끄는 세상이 되었다. 이러한 흐름과 함께 생성된 것이 바로 '재미 마케팅'이다.

마케팅과 경영도 감성적인 '재미'의 요소로 변하고 있다. 유머러스하고, 위트가 있거나, 잘 웃는 직원이 일을 잘한다는 결과물이 나오고 있고, 획일화된 두뇌 경영에서 뭔가 감동을 주는 감성 경영, 마음 경영으로 발전하는 과정에서 만들어진 재미 경영으로 바뀌고 있다.

이는 곧 도구나 장소, 예산 등의 물리적 조건과 관계없이 파급 효과가 큰 것은 웃음이라는 판단에 따른 결과이다. 직원들 간에 하나되는 것은 물론, 고객의 마음을 잡는 것도 무엇보다 웃는 얼굴과 따뜻한 마음이다. 직원, 경영진, 고객을 하나로 만드는 것은 마음이기에 재미 경영은 절실히 필요하다.

많은 기업들이 재미 경영을 위한 기업 문화 조성에 힘을 쏟고 있는 만큼 국내 산업에 있어서 '재미'는 큰 파워 트렌드로 자리 잡고 있다. 그렇다면 왜 우리는 '재미'에 열광하는가? 그것은 딱딱한 디지털 시대에 길들여진 소비자들에게 원초적인 즐거움, 즉 감성을 자극하기 때문이다.

하물며 먹거리에도 역발상의 아이디어로 새로운 양념으로 작용했다. 재미있는 발상의 한 예로 학창 시절 1교시 후 미리 까먹었던 추억의 양은도시락이 여러 음식점에서 '펀 메뉴'로 인기를 모았던 것은 재미와 추억의 회상이라는 두 가지 감성 양념을 추가함으로써 소비자들에게 인기를 얻은 것이다.

삼겹살을 떡에 싸 먹는 '떡삼겹'이나 대학가의 '치즈땡밥', 초벌구이한 삼겹살을 특수 처리한 한지에 싸 먹는 '깝겹살', 기존의 김밥에 '펀'을 첨가한 구슬 모양의 이색 주먹밥인 '구슬김밥' 등이 그 사례다. 떡삼겹과 깝겹살 전문점은 일반 삼겹살 전문점보다 평균적으로 1.5배 이상의 매출을 올렸다고 한다.

구두닦이의 마케팅

경기가 나빠지자 사람들이 구두를 집에서 닦았다. 그러다 보니 구둣방의 매출이 떨어지기 시작했다. 이 위기를 극복하기 위해서 구두닦이가 아이디어를 냈다. 그는 구둣방 앞에 다음과 같은 안내문을 붙여 놓았다.

'구두 한 짝 무료로 닦아 드립니다.'

손님들이 "나머지 한 짝은요?" 하고 묻자,

"손님! 나머지 한 짝은 4,000원입니다."

고객들에게
잘 기억되는 상호

일상 속 생활용품에도 녹아들어 깜직 발랄한 제품들이 인기를 끌고 있는데, 맞춰 놓은 시간에 사방팔방으로 마구 돌아다니는 바퀴 달린 알람시계, 퍼즐을 정해진 시간에 풀어야 알람이 멈추는 '퍼즐 시계' 등은 일상생활 속의 재미를 주는 제품들이다.

내비게이션에도 재미 기능이 필수 요소로 자리 잡았는데, 이색 여행, 전국 축제 행사 정보 등 재미를 가미한 덕에 판매량이 두 배나 늘었다고 한다.

- 게 전문점 – 게 섯거라
- 닭 꼬치 집 – 꼬치 피네 꼬치피네
- 소고기·돼지고기 집 – 牛(우)와 豚(돈)이다.
- 술집 상호 – 酒有所(주유소)
- 미용실 – 머리가 마음에 안 들면 결혼해 드립니다

보기만 해도 미소가 지어지는 것들이다.

체인점

지하철 계단에서 걸인이 양손에 깡통을 들고 구걸을 하고 있었다. 지나가던 남자가 깡통에 동전을 넣으며 물었다.

"깡통을 왜 두 개나 들고 있죠?"

남자의 물음에 걸인이 담담하게 말했다.

"요즘, 장사가 잘돼서 체인점을 하나 더 냈거든요."

매장에서
보면서 즐기는 마케팅

화장품 브랜드숍의 광고 문구 '미인들의 놀이터'는 화장품 매장을 더 이상 제품 구매의 장소가 아닌 소비자들의 놀이터로 된 듯한 느낌을 들게 한다. 그뿐만 아니라 색조화장품 전문업체의 '예쁜 인형의 집'을 연상케 하기도 해서 마치 여성들의 소녀 시절 달콤한 상상을 마음껏 충족시킬 수 있는 '재미'를 부여했다.

✌ 미용실

미용실에 손님이 없자, A미용실은 문 앞에 이같이 써 붙여 놓았다.
"이만 원짜리 커트 5천 원에 해 드립니다."
그 문구 덕분인지 B미용실 손님까지 그 미용실을 찾았다.
이에 B 미용실이 다음 날 바로 문 앞에 이같이 써 붙였다.
"오천 원으로 망친 머리 고쳐 드립니다."

✌ 입구

미국의 대형마트가 양쪽으로 들어서면서 한 가게는 최고의 품질, 다른 가게는 최저 가격이라고 써 놓으니 가운데 낀 작은 가게는 망하기 직전이었다.

다음 날 작은 가게 입구에는 이렇게 쓰여 있었다.

"이곳이 입구입니다."

재미 경영은
시대의 흐름이다

재미 경영의 실천은 한때의 유행이 아닌 시대의 흐름에 부응한다는 측면을 내포하고 있다.

재미 경영은 '유머 경영', '웃음 경영', '감성 경영' 등 다른 말과 혼용되고는 있지만 경영진들이 업무에서 '재미'와 '즐거움'을 느끼도록 하는 게 핵심이라는 점이다. 한마디로 재미 경영은 인간 경영인 셈이다. 즐거운 직장이란 곧 사람을 존중하는 기업을 말한다.

미국의 경제전문 잡지 『포춘』은 매년 근로자 4만 명을 대상으로 미국에서 일하기 좋은 직장 100대 기업을 선정하는데, 여기에 선정된 기업은 모두 공통점을 갖고 있다. 종업원에게 일하는 즐거움과 재미를 주며 사람을 존중하는 가족 같은 기업이란 점이다.

리더가 스스로 근엄한 경영자의 자리에서 내려와 직원들에게 친근하게 다가가고 회사 일에 대해서도 틈 날 때마다 스스럼없는 대화를 나눈다면 직원들의 고충에도 귀를 기울일 수 있고 좋은 아이디어도 얻는 데 도움이 될 것이다.

필자(김병일)도 권위를 세우지 않고 언제나 누구든 쉽게 마음을 열 수 있도록 편하게 해 주는 것이 장점이라는 말을 듣는 편이다. 선천적으로 사람들을 편하게 해 주는 것이 나의 전매특허다. 이러다 보니 한중최고경영자부터 직원까지 가족 같은 분위기에서 즐겁게 일하는 조직 문화가 자연스레 만들어졌다.

단순히 재미와 즐거움을 심어 주는 것만은 아니다. 끈끈한 결속력도 얻은 덕에 사업이 줄줄이 도산 위기에 처했을 때 다시 일어날 수 있었던 것도 어찌 보면 우연만은 아니라는 생각이 든다. 무엇보다 내가 중국에서 19년 있는 동안 성공할 수 있었던 것은 바로 인재 중시 경영이자 신뢰 경영이었기 때문이라고 평가한다. 재미 경영을 실천하고자 하는 기업들이 관심을 가지고 있는 부분이기도 하다.

✌ 돈 안 드는 홍보

인색하기로 소문난 사장이 일을 상의하기 위해 직원들을 불러 모았다.

"곧 우리 회사가 생긴 지 50년이 됩니다. 50주년 기념을 위해 행사를 하고 싶은데, 좋은 의견이 없겠소? 사람들에게 널리 알릴 수 있고, 사원들을 기쁘게 해 줄 수 있으며, 무엇보다도 돈이 들지 않았으면 좋겠는데…."

그러자 잠시 생각하던 부장이 문득 좋은 생각이 떠올랐다는 듯이 커다란 목소리로 말했다.

"사장님께서 한 달간 회사에 안 나오시는 게 어떻겠습니까? 여러 사람에게 알릴 수도 있고, 사원들도 기뻐할 것입니다. 게다가 돈은 한 푼도 들지 않는 일이니까요."

재미 경영의
웃음 효과

기업의 최고 고객은 내부 고객인 직원들이다. 직원들이 만족해야 고객을 만족시킬 수 있다. 고객을 섬기듯 직원들을 섬기면 그 회사는 성공할 수밖에 없다. 깊은 신뢰를 통하여 자부심을 갖고 일하는 재미가 있다면 생산성은 올라가게 되어 있다.

캐나다의 캐드릭 펜위크는 웃음이 작업 능률을 향상시킨다는 보고서를 냈는데 사기 진작은 15%, 생산력은 40% 증가한다고 했다. 웃음은 권태와 무력감 예방을 예방하고, 변화 적응력을 향상시킬 뿐 아니라, 의사소통을 원활하게 해 주고, 스트레스 레벨을 줄여 주며, 자신감과 추진력, 창의력 그리고 성취감도 향상시킨다.

웃음이 주는 경제적 가치를 돈으로 정확히 환산할 수는 없지만 산업재해, 노사분규, 의료비 등이 3분의 1로 감소하고 생산성은 배가 되니 얼마나 멋진 경제학인가. 웃음은 원료 없이 공장을 돌리는 만병통치약이다.

✌ 공짜로 얻어먹는 방법

아버지와 아들이 시장 안을 걷고 있었다. 장사꾼이 배를 파는 모습을 본 아들이 아버지에게 말했다.

"아버지, 배가 너무 먹고 싶으니 사 주세요."

아들의 말에 아버지가 화를 내며 말했다.

"공짜로 얻을 수 있는 배를 왜 돈 주고 사냐?"

놀란 아들이 물었다.

"아버지, 배를 어떻게 공짜로 얻을 수 있어요?"

아버지가 대답했다.

"저 장사꾼에게 너의 가운데 손가락을 세워서 보여 주면 장사꾼이 배 하나를 네 머리에 던져 줄 거다."

재미가
하나의 경영 기법으로

"직원 웃음 없인 고객 만족도 없다."_신승훈 기자

"기업이 어려움에 처할수록 경영자에게 요구 되는 것은 결단과 유머다."_잭 웰치

기업의 경영자라면 누구나 '고객 만족'을 우선으로 말할 것이다. 그렇다면 고객 만족의 원천은 무엇일까? 이에 대한 '직원 만족'을 꼽는 경영자들이 많아졌다. 내부 고객인 직원이 만족해야 외부의 고객에게 만족스러운 서비스를 제공할 수 있으며, 결국 이것이 고객 만족을 통한 지속 가능한 성장으로 이어진다는 논리다.

그래서 몇 년 전부터 국내 기업 CEO들도 '유머 경영', '재미 경영' 등의 달라진 경영 트렌드에 관심을 갖기 시작했다. 이는 효율성 높은 조직 문화를 구축하는 데 고객 만족의 극대화를 노린 방법론 중 하나이기도 하다.

특히 경영상 유머의 효용과 기업 실적의 연관성이 입증되면서 각 기업들의 관심이 높아졌다. 기업의 CEO들이 유머의 중요성을 높이 평가하는 이유는 '재미'가 직원들의 자발성과 창의력을 자극해

'생산성 향상'과 '고객 만족'으로 이어지기 때문이다.

✌ 기침을 못한 이유

시도 때도 없이 기침하는 병에 걸린 사나이가 유태인 의사에게 와서 괴로우니 약을 달라고 했다. 의사는 걱정하지 말라며 사나이에게 약을 줬다.

그런데 의사가 실수로 그만 설사약을 준 것이 아닌가! 뒤늦게 이 사실을 안 의사는 따지러 올까 봐 무서웠다. 의사의 예상대로 며칠이 지나자 그 사나이가 유태인 의사를 찾아와서 말했다.

"의사 선생님, 정말 고맙습니다. 덕분에 마음 놓고 기침을 할 수가 없어서 참다 보니, 어느새 기침병이 다 나았습니다."

웃는 기업이 강한 기업이다

직원 입장에서는 조직 내에서 '무슨 일을 하느냐'에 대한 선택권이 제한되어 있다고 느낀다. 하지만 '어떻게 일을 할 것이냐'를 묻는다면 '유머 경영'이나 '재미 경영'이 바로 위 질문에 대한 해결책 중 하나가 되는 셈이다.

뱅크 오브 아메리카(BOA)의 경우, 입사 시험 때 응시자로 하여금 면접관을 웃겨 보라고 요청하거나 최근에 남을 웃게 한 게 언제였는지 등을 질문해서 점수에 반영하기도 한다. 이렇듯 '직원이 즐겁게 일해야 최고의 고객 만족을 이끌어 낼 수 있다'는 생각을 하는 리더들은 직원을 선발할 때부터 웃음 테스트를 통해 재미있는 직원을 선발하고 있다.

재미 경영은 직원의 사기를 높이고 자발적인 참여와 몰입, 창의
력을 이끌어 냄으로써 기업에는 활력을 주고, 직원들을 웃게 하며,
고객에게는 만족을 주어 기업의 이미지를 높인다. 이에 따라 기업
에서는 재미 관련 전문가들을 초빙하여, 직원들을 웃게 해 주고 일
에 대한 스트레스를 줄여 주는 등의 노력을 기울이고 있다.

✌ 성공 비결

전설적인 세일즈맨을 인터뷰하는 자리에서 기자가 물었다.

"어떻게 어려운 세일즈 분야에서 그렇게 성공하실 수 있었습니
까? 비결이 있나요?"

세일즈맨이 대답했다.

"특별한 비결은 없습니다. 단지 물건을 팔기 위해 초인종을 눌렀을
때 아줌마가 나오면 '아가씨, 집에 엄마 계세요?' 한마디 한 것뿐."

✌ 고객을 웃게 하는 문구

어느 음식점에 갔더니 좌측 옆면 벽에 이런 글귀가 있어서 한참을
웃었다.

[외상 11대 조건]
1. 재직증명서   2. 주민등록 초본 1통
3. 인감증명서   4. 전. 월세 계약서

5. 종합검진 확인서   6. 4대 보험 영수증

7. 생활기록부   8. 보증인 3명

9. 외상 상황 계획서   10. 성적증명서

이상 위 서류 미비 시 외상 사절입니다.

외상을 하기 위해 이 서류를 떼어 와야겠다고 생각하는 사람은 한 명도 없을 것이다. 이것을 보는 고객들이 웃으면서 음식을 먹었을 때 매출은 자동적으로 오를 것이다. 고객을 웃게 하는 것도 고객 서비스의 일종이다.

직장에서 재미있는 사람이 되는 방법

• 밝은 표정을 지어라.

• 내 책상 컴퓨터 바탕화면에 재미있는 사진을 넣어 보자.

• 억지웃음이 아닌 일상생활에서 공감하는 소재를 선택하라.

• 자신이 경험했던 소재를 선택하라. 억지 이야기는 썰렁함만 줄 뿐이다.

• 남이 유머를 할 때 잘 웃어 주어라.

• 회식 자리나 야유회 때 자신의 특기를 살려라.

직원을 신나게 하는
회사의 비결

칭찬은 고래도 춤추게 한다

칭찬에 인색한 조직에서는 신바람 나게 일할 수 없다. 언제든지 서로 칭찬해 주고 싶은 직원에게는 게시판을 통해 칭찬해 주거나'칭찬 릴레이'를 활용하는 방법을 활용하라. 이를 통해 직원들이 스스로 자신감과 도전 정신을 갖도록 자연스럽게 유도하는 것이 좋다.

부하 직원이 상사를, 동료가 동료를 칭찬하는 칭찬 문화를 만들어 보자. 고객을 소중하게 생각하는 직원들을 서로 칭찬하고 마일리지를 제공하여 매년 마일리지가 가장 높은 직원을 뽑아 해외여행 티켓 등을 부상으로 제공하는 회사도 있다.

"직원이 웃으니 매출도 웃네요."

매장을 찾은 고객에게 웃음을 주기 위한 문구다. 기업들이 '신바람 나는 일터'를 만들기 위해 소매를 걷어붙이고 나서야 한다. 특히 코로나로 웃을 일도 없고 침체된 분위기에서는 웃음이 더욱더 필요하다.

힘들다고 외친들 무엇이 달라지겠는가? 사기만 떨어지고 마음만 우울할 뿐이다. 재미와 웃음을 통해 자연스레 기업의 가치를 공유하고 직원들의 근로 의욕을 북돋아야 한다. '재미 경영'이 기업 경쟁력 강화를 위해서 반드시 필요하다는 것을 나는 굳게 믿는다.

✌ 음식점 문구

"산천은 무구하되 물은 셀프로다"

✌ 원산지 표시

쌀 – 베트남산, 김치 – 중국산, 고기 – 호주산, 주인 – 국내산

인재 중시 경영

국내 기업들이 신나고 재미있는 직장을 만들기 위해 다양한 시도를 하고 있지만 이벤트에 그치는 기업도 적지 않다. 회의석상에서 '웃자'고 말하는 일회성이나 단순한 행사 등 단발적인 재미 경영은 기업의 생산성과 연결되지 않을뿐더러 직원들의 스트레스만 가중된다. 따라서 업무에서 쌓인 스트레스를 해소할 수 있는 시스템을 갖추는 등의 체계적인 방법이 필요하다는 것이다.

특히 재미 경영에서 리더의 역할은 절대적인데 그 이유는 리더가 열린 마음으로 직원들을 이해하고 관심과 배려를 보일 때 직원들의 일하고 싶은 의지가 샘솟을 수 있기 때문이다. 즐겁게 일할 수 있어야 애사심과 더불어 평생직장의 개념으로 뛰어난 인재들이 회사에 남아 있으려 할 것이다.

웃음은 당장 죽을 것 같은 마음도 순간 돌려놓을 수 있게 만든다.

기업이 도산하자 죽으려고 한강을 찾은 사장이 뛰어내리려고 하자, "이봐요. 날이 많이 추우니 따뜻한 날 와서 뛰어내려요."라는 지나가던 아저씨의 말에 웃음이 나와 죽기를 포기하고 돌아왔다고 한다.

살면서 한 번쯤 어려움을 겪지 않은 사람이 있을까? 기업 내부에 한 사람이라도 재미있는 직원이 있다면 회사를 즐겁게 하기 위해 굳이 돈을 들여 컨설팅을 받는 것보다 나을 것이다. 한 사람의 인재가 천 명을 먹여 살리는 시대다. 재미있는 인재도 여기에 포함된다.

게다가 이런 인재를 관리하는 데 별도의 돈이 드는 것도 아니다. 그럼에도 그동안 어떤 시스템으로도 경험해 보지 못한 거대한 문화가 사내에 싹트게 될 것이다. 이것이 바로 재미 경영이다. 4차 산업 혁명 시대라 해도 기계가 사람을 웃게 하지는 못할 테니까.

✌️ 어려움을 이기는 방법

딸이 아버지에게 사회에서 받는 스트레스를 말하며 불평했다.

"삶이 너무 힘들어서 살기가 힘들어요."

아버지는 딸에게 보여 줄 것이 있다며 딸을 부엌으로 데리고 갔다. 아버지는 냄비 세 개에 물을 부은 다음, 불 위에 올려놓았다. 첫째 냄비에는 당근을 썰어 넣고, 둘째 냄비에는 달걀을, 셋째 냄비에는 커피 가루를 조금 넣었다.

몇 분 후 아버지는 당근과 계란을 꺼내 그릇에 담고, 커피는 컵에 따랐다. 그리고 딸에게 말했다.

"사랑하는 딸아, 나는 이 세 가지 재료들로 어려움을 이겨 내는 방식을 말해 주고 싶다. 처음에 딱딱했던 당근은 흐물흐물해졌고, 반면에 깨지기 쉬운 달걀은 더욱 단단해졌단다. 그리고 커피는 물을 더 값진 것으로 바꾸었단다. 지금 네게 닥친 문제는 온전히 너의 자신에게 달린 문제다. 흐물흐물해진 당근처럼 문제로 인해 더 약해질 수도 있고, 삶은 계란처럼 문제로 인해 더 강해질 수도 있다. 그리고 커피처럼 문제를 아예 너에게 좋은 기회로 바꿀 수도 있어. 선택은 바로 너 자신이 한다는 걸 잊지 말아라."

PART. 2

코로나19를
이기는 힘, 웃음

인간은 행복과 성공을 향해
달리는 자전거와 같아서,
열심히 페달을 밟으면 앞으로 나가지만
움직이지 않고 가만히 있으면
중심을 잃고 쓰러지게 된다.
이때 필요한 것이 바로 긍정적 사고다.

웃어야 하는
이유

우리 얼굴은 웃지 않으면 무언가 안 좋은 일이 있어 보이기도 하고 우울해 보이기도 하기 때문에 무조건 웃어야 한다.

그런데 요즘 들어 웃는 얼굴을 찾기 힘들다. 그 이유는 코로나19로 인해 연일 뉴스에서는 확진자 숫자가 나오면서 가게 문을 닫거나 일자리를 잃게 되어 살아가야 할 걱정을 하는 등 스트레스나 불안감이 웃음을 빼앗아가고 있기 때문일 것이다.

그런 것들이 쌓이고 쌓이다가 엉뚱한 곳에 분노로 표출되어 신문의 사회면을 장식하는 사건·사고로 번지기도 하니 걱정이 아닐 수 없다. 코로나의 불안감이나 눈앞에 놓인 현실에서 조금이라도 해방될 수 있다면, 그래서 활기를 찾을 수 있다면, 억지로라도 긍정적으로 생각하고 웃어넘길 수밖에 없다.

어쩌겠는가? 상황이 달라질 수 없다면 내가 변할 수밖에. 숨을 크게 쉬고 찡그렸던 표정을 펴 보자. 그리고 입꼬리를 올려 보자. 웃는 게 어렵더라도 그래도 웃어 보자. 분명 방금 전의 나와 달라져 있을 것이다.

웃음의 힘

웃음에는 힘이 있다. 그 힘은 나에 대한 사랑이자 상대에 대한 배려다. 그리고 세상에 대한 따뜻함이며 여유다.

"괜찮아, 곧 괜찮아질 거야. 살다 보면 그럴 수도 있어. 힘내! 잘될 거야. 잘 견디고 있어."

상황을 긍정적으로 받아들일 수 있는 사람은 주변에도 좋은 기를 전하며 그러한 에너지는 사람들을 편안하게 만들어 준다. 환하게 웃을 줄 아는 사람은 긍정적인 '기'를 주변에 전하며 그러한 파동은 불경기를 불같은 경기로 만들어 줄 것이다.

물론 불안하고 살아갈 일이 걱정인데 웃는다는 것은 보통 이상의 내공이 있지 않는 한 쉽지 않다. 화가 나거나 걱정이 있을 때 웃음 지을 수 있는 여유가 있다면 굳이 우리가 웃으라고 강의하지 않아도 된다.

✌️ 접시를 깬 범인

엄마와 딸이 설거지를 하고, 아빠와 아들은 TV를 보고 있었다.

그때 갑자기 쨍그랑하며 접시 깨지는 소리가 났다.

정적 속에서 아빠가 아들에게 말했다.

"누가 접시 깼는지 보고 와"

"아빠는 그것도 몰라? 엄마잖아!"

"안 보고 어떻게 알아?"

아들이 답답하다는 듯이 아빠를 쳐다보며 말했다.

"엄마가 아무 말도 안 하잖아!"

웃음과 기

인간의 화는 수그러드는 데만 24-26초가 걸린다고 한다. 24초만 참으면 되는데, 그것이 말처럼 쉽지만은 않다. 그러니 욱하고 치밀어 올라 주먹이 날아가거나 엉뚱한 곳에 화풀이를 해서 사건·사고가 발생하는 것이 아니겠는가. 그렇다면 어찌해야 할까?

그럴 땐 그냥 웃어 보자. 웃음은 마음의 여유를 준다. 당장 못 참을 것 같던 마음에 휴식을 줄 뿐 아니라, 힘들고 어려웠던 일들도 한결 가볍게 느껴지게 한다.

찰리 채플린의 말처럼, 인생은 가까이서 보면 비극이지만 멀리 떨어져서 보면 희극이다. 웃음은 모든 상황에서 긍정적이고 낙천적으로 생각하게 만드는 힘을 준다. 아무리 힘들더라도 긍정적인 생각을 가지고 오늘도 힘차게 웃으면서 시작하자.

혹자는 웃을 일이 없는데 어떻게 웃느냐고 반문할지도 모른다. 하지만 웃겠다고 마음먹으면 우리 주변에 웃음의 소재는 곳곳에 널려 있다.

웃음은 강력한 기를 만들어 운을 끌어당기는 힘이 있지만 대부분의 사람들은 웃음에 인색하다. 웃을 일이 있어서 웃는 것이 아니라 웃다 보면 점점 더 좋은 일이 생겨나게 된다. 이렇듯 웃음의 양이 늘어남에 비례하여 기의 양도 증가하는 것이다.

빙그레, 방그레, 벙그레 운동

100년 전 우리 사회에 미소운동이 펼쳐졌던 사실을 알고 있는가? 도산 안창호 선생님께서는 젊은이의 빙그레 웃음, 아이의 방그레 웃음, 노인들의 벙그레한 웃음이야말로 최고의 웃음이라고 하셨다.

웃음이 있는 민족, 미소가 있는 국민이 되게 하기 위해 서로 사랑하는 마음으로 빙그레 웃는 세상을 만들자고 하시며 거처하시던 송태산장에 '빙그레 방그레' 푯말을 만들어 걸고 미소운동을 펼치셨다.

우리가 다시 안창호 성생님의 잃어버렸던 미소운동을 일으켜야 하지 않을까? 그 시절의 웃음을 되찾아야 한다. 웃음은 자신의 가치를 최대로 높여 주는 비장의 무기이며, 만국공통어이고 불운을 행운으로 바꿔 주는 비방책이기 때문이다.

웃음은 필수 조건이다

아기는 하루 평균 300-400회를 웃는다고 한다. 그러나 성인이 되어서는 점점 웃음이 사라지면서 기가 없어지고 운도 찾아오지 않는 것이다. 다시 잃어버렸던 웃음을 되찾아야 한다.

아무리 꽉 막힌 사람도 웃으면 보기 좋을 뿐 아니라 운도 들어온다는 것을 느낄 것이다. 습관이 운명을 만들고, 그 운명을 바로 웃음이 만든다. 다른 것에 비해 웃는 데는 비용이 필요 없다. 그냥 웃으면 된다.

좋은 얼굴

요즘 얼굴 경영 강의를 하는 분의 말을 빌리자면, 좋은 상은 웃는 상이고 나쁜 상은 근심하는 상이라고 한다. 사람의 얼굴은 성형수술로 많이 바꿀 수 있지만 내부에서 배어 나오는 기운은 수술로도 불가능하다. 마음을 바꾸지 않으면 변할 수 없는 것이 얼굴에 나타나는 기운이기 때문이다.

웃을 일이 없어도 웃어야 마음의 기운을 변화시킬 수 있다. 아무리 힘든 여건 속에서도 웃는 것은 어디까지나 스스로의 노력이다. 웃음은 밝은 기를 만들어 사람을 변화시킨다. 그래서 우리는 사람들을 만나면 이렇게 말한다.

"월 - 일단 웃자.

화 - 화가 나도 웃자.

수 - 수없이 웃자.

목 - 목젖이 보이도록 웃자.

금 - 금방 웃고 또 웃자.

토 - 토라질 일이 있어도 웃자.

일 - 일하면서도 웃자."

웃음은 밝은 기를 만들어 사람을 변화시킨다.

삶을
재미있게 만드는 '유머'

유머(humor). 어느새 우리 생활의 일부가 되어 왔고 아주 많은 곳에 웃음의 자료로 유머를 채택하고 있으며 오늘날 의사소통 능력 중 하나로 인정되고 있다.

화낸 사람이 내쉰 숨을 액체 질소로 급속 냉각시키면, 화내지 않은 사람의 숨이 무색인 것과는 달리 노란색의 농축액이 된다고 한다. 이것을 흰 쥐에 주사하면 즉사한다고 하며, 한 시간 동안 내쉰 화가 난 사람의 독기는 80명의 사람을 죽일 수 있는 분량이라고 한다. 그러니 화를 내게 되면 이 같은 독성물질이 화낸 사람의 몸을 해치게 되는 것이다.

한국인에게만 있다는 화병! 속 터지게 하는 울화병! 이런 병들이 침투 못 하게 돈도 안 들고 그리 어렵지도 않은 예방주사를 맞으면 어떨까?

웃음이라는 예방주사를 맞고 스트레스, 불안, 무력감, 권태 등을 날려 버리자. 권태로움에서 해방되자. 삶의 활기를 찾자. 그러기 위해서라도 웃자. 그런데 무조건 웃기란 쉽지 않다. 그러니 재미있는 유머를 활용해서 웃어 보자.

그렇다면 대체 유머란 무엇일까? 한마디로 웃을 거리다. 즉, 웃기 위한 소재로, 소통에 있어서 소금 같은 존재라 할 수 있다. 진정한 유머는 내가 먼저 웃는 것이다. 내가 웃어야 남도 웃게 할 수 있기 때문이다. 이것이 진정한 유머의 의미다.

유머 감각 키우기

유머 감각을 키우기 위해서는 주위 사람들의 반응도 중요하다. 누군가 재미있는 이야기를 하면 그에 맞는 반응을 보여 주자. 적극적인 반응은 자신감을 키우는 큰 힘이 된다. 물론 스스로도 잘 웃어야 한다. 개그 프로그램을 시청해도 좋고, 하루 일과를 공유하며 웃음코드를 찾아도 좋다. 웃음을 삶의 자연스러운 일상으로 만드는 것이 유머리스트가 되는 첫걸음이다.

유머의 가장 중요한 역할은 친밀감을 높여 주는 것이다. 진정한 유머란, 이론적인 기술보다도 듣는 사람을 편하게 하는 말투와 웃음, 내용 등을 포함하여 전하는 사람의 미소와 마음이 상대방에게 그대로 전해지는 웃음이라 할 수 있다. 그러므로 상대방이 진정으로 기뻐하며 웃을 수 있는 유머를 구사하는 것이 중요하다.

요즘 신세대들은 자기와 마음이 통하는 사람을 만났을 때 '코드가 맞는다.'라는 말을 사용한다. 비단 사람뿐만이 아니라, 먹으면 유달리 기분이 좋아지고 소화가 잘되는 음식이나, 특별히 더 잘 어울리는 옷이나 장신구, 귀에 잘 들어오는 음악 등에 대해서도 코드가 맞는다고 표현한다.

유머도 마찬가지다. 어떤 이야기는 한 번 듣고 난 후 두고 두고 생각만 해도 재미있는가 하면, 어떤 이야기는 웃음이 나오지 않을 수도, 혹은 오히려 불쾌할 수도 있다. 아무리 웃긴 이야기라 하더라도 상대방의 입장에서 받아들이기 어렵다면 성공하지 못한다.

집안 분위기도 유머 감각 형성에 영향을 미치는 요인이다. 웃음이 많은 부모 밑에서 자란 아이들은 자연스레 유머러스한 기질을 터득하게 된다. 중국의 소설가 겸 문명비평가 린위탕은 평생 동안 해학과 유머가 넘치는 글을 수없이 발표해 '유머대사'라고 불렸다. 그의 유머 감각은 항상 아이들과 장난치고 우스갯소리를 한 그의 아버지가 만들어 준 유머 넘치는 교육 환경에서 형성되었다고 한다.

재미있는 얘기엔 활짝 웃어 주는 센스! 지인들의 유머 감각이 요즘처럼 경영이 힘든 나에게 비타민 역할을 해 준다며 나는 이처럼 말한다.

"여러분들과 함께 있으면 딱딱한 회의를 할 때도 기분이 좋아집니다. 덕분에 점점 일도 잘되고 있으니 여러분들도 걱정 마시고 맡은 바 최선을 다해 주셨으면 합니다."

내가 진심으로 이렇게 말을 해서인지 나의 주변에서는 자기 일처럼 일에 최선을 다해 준다. 참으로 감사할 일이다. 선후배 관계도 부드럽고 의사소통도 원활하다. 화기애애한 분위기 속에서 나름대로 특별한 소속감이 생겨나는 것 같다.

재능과 더불어 유머 감각을 갖춘 사람 주위에 사람이 많은 게 요즘 분위기다. 한중 최고경영자과정 때마다 친한 회장님들의 인기 비결은 유머에 있는 듯하다. 정기적으로 만나는 모임인 만큼 만날 때마다 새로운 것을 업그레이드해서 오시는 건 아닌지 궁금할 정도다.

유머는 다방면으로 경험을 쌓을수록 자연스럽게 나온다. 개그맨들이 끝없이 책을 읽고 신문을 많이 보는 이유이다.

✌️ 습관

겸손하기로 소문난 남자가 있었다.

그는 말할 때마다 '변변치 못하다.'는 말을 입에 달고 살았다.

어느 날 손님을 초대했는데, 술이 얼큰히 들어간 손님이 흥에 겨워 한마디 했다.

"오늘 밤 달도 밝고, 멋진 밤입니다."

그러자 겸손한 남자가 말했다.

"원 별말씀을…. 변변치 못한 우리 집 달을 칭찬해 주시니 몸 둘 바를 모르겠습니다."

유머와
웃음의 기능

유머는 윤활유다

유머가 있는 조직은 서로 간의 갈등을 예방하고 해소하게 하며 친밀감을 주고 생산성을 향상시킨다.

인간관계가 좋아진다

재미있는 사람들 주변에는 언제나 사람들이 모이게 되고 재미있는 교사는 학생들이 수업에 집중하게 한다. 직장에서는 상사와의 갈등을 줄게 하고 조직원 간의 거리를 좁힌다.

고통을 극복하는 힘을 준다

피터 버거가 『현대사회의 신』에서 언급한 바와 같이 유머는 초월 효과를 가지고 있다. 초월 효과란 유머를 듣는 순간 용기, 기쁨, 자유, 평화를 맛본다는 것이다. 연세대를 설립한 언더우드 목사는 가족 3명만 남은 개척교회 목사에게 "목사님은 희망이 있네요. 지금 세 명이니 더 줄어들 리는 없고 앞으론 늘어날 일만 있으니 희망적이지 않나요?"라고 말했다고 한다. 언더우드 목사님의 유머에 그

개척교회 목사님은 힘을 얻었다고 한다. 유머는 힘들고 어려울 때 방어기제의 역할도 한다는 것을 기억하자.

웃으면 건강해진다

식사 중일 때의 웃음은 소화기능을 좋아지게 하여 유머는 소화제라는 말도 있다. 웃을 때 뇌하수체에서는 엔도르핀과 같은 천연진통제가, 부신에서는 염증을 낮게 하는 화학물질이 나와서 고통을 잊게 하며, 동맥을 이완시켜 혈액순환을 원활하게 하여 혈압을 낮춘다. 스트레스와 긴장을 완화시켜 심장마비 같은 돌연사를 예방하기도 한다.

유머는 첫인상을 친근하게 한다

말레이시아의 어느 다국적 기업의 대표이사인 '얍 림 센'이라는 사람은 유머를 가지고 자기소개 하는 능력을 가지고 있었다.

"내 이름은 얍(Yap)입니다. pay(지불)의 철자를 거꾸로 쓰면 되죠."

이렇듯 첫 만남에서의 유머의 효과는 이름을 기억시키는 데 그치지 않고 어색한 분위기를 친밀하게 바꾸어 줄 수 있다. 김미순이라는 이름은 자신의 이름을 소개할 때 "김-김씨 문중의 최고이며, 미-미인대회에서 1등 했습니다. 순-순 뻥입니다."라고 해 보자. 그 이름을 들은 분들은 한결같이 웃으며 쉽게 기억할 것이다. 남과 차별화되는 유머 소개법을 하면 기억하기도 쉽고 소개 시에도 집중하게 될 것이다.

김 – 김씨 문중에서 태어나

병 – 병사의 기상으로

일 – 일찍이 중국 시장을 개척한 회장 김병일입니다.

박 – 박장대소가 기본이며

인 – 인간성도 좋고

옥 – 옥동자도 울고 갈 유머 감각의 박인옥 원장입니다.

유머는 가장 효과적인 프레젠테이션이다

적절한 유머의 사용은 청중들의 이목을 집중시켜 프레젠테이션에
몰두하게 한다.

유머는 신경안정제다

유머는 마음을 안정되게 하고 방금 전의 고민도 잊어버리게 한다.

유머는 보약이다

유머는 한 첩의 보약과도 같다. 그러니 매일매일 마시자.

즐거운 일상의 방해자,
스트레스

  물론 적당한 스트레스는 오히려 삶이 활력소가 되고 활력 있는 삶을 위해서 도움이 되지만, 그러한 적당성을 유지하기란 쉽지 않다. 반면에 우리가 생활 속에서 경험하는 대부분의 스트레스는 감당하기 어려운 스트레스이거나 작은 스트레스들이 누적된 것이다. 그러므로 스트레스를 잘 이기고 스트레스 상황에서 잘 견디는 힘이 중요하다.

  스트레스를 잘 견딜 수 있는 힘이 있는지의 여부는 샤워실에서도 잘 나타난다. 샤워실의 물은 더운물과 찬물이 필요에 따라 나오도록 되어 있다. 샤워를 할 때는 일반적으로 더운물이 필요하기 마련이다. 그런데 그 더운물은 금방 나오지 않는다. 그렇기에 조금 기다리는 여유가 필요할 수 있다. 이와 관련하여 '바보들의 샤워법'이란 재미난 말이 있다.

  샤워실의 물 꼭지가 중간에 놓인 샤워기를 틀더라도 처음에는 찬물이 쏟아지는 법이다. 하지만 조금 기다리면 그 사이에 더운물이 준비되었다가 따뜻한 물이 나오게 되어 있다. 그런데도 바보는 그것을 참지 못하고 뜨거운 물이 나오는 쪽으로 꼭지를 홱 틀어 버린다. 그렇게 되면 갑자기 더운물이 나오게 되어 당황하게 된다. 이 때 바보는 다시 급하게 반대쪽으로 꼭지를 틀어 버린다. 그렇게 되면 이번에는 찬물벼락을 맞게 된다.

이를 두고 미국의 유명한 경제학자 밀턴 프리드먼(Milton Friedman)은 '바보들의 샤워법'이라고 하였다. 이것은 원래 미국의 레이건 전 대통령과 영국의 대처 전 수상의 이념적 스승이며, 시카고 대학교수인 1976년에 노벨 경제학 수상자인 프리드먼이 정책의 일관성을 지키지 못하는 정부를 빗대어서 자주 쓰던 농담이었다고 한다.

그런데 이러한 바보 같은 사람들이 우리 주변에는 의외로 많다. 마음먹은 뜻을 세우고도 일관성 있게 추진해 나가지 못하는 사람, 이러한 추진과정에서 예기치 않은 어려움이 때때로 생길 수도 있는데 견디지 못하는 사람, 목표를 성취하는 과정에서 적절히 문제를 해결하지 못하는 사람을 보고 우리는 바보 같다고 표현한다.

🖑 흉보는 버릇 고치기

영국의 극작가이자이며 평론가였던 벤 존슨은 어디에 초대되든 음식을 흉보는 버릇이 있었다. 어찌나 지독하게 깎아 내리는지, 같이 식사하는 사람까지 식욕이 없어지고 분위기도 엉망으로 만들었다.

그날도 역시나 초대된 곳에서 나온 음식을 보고 말했다.

"이건 완전 돼지 먹이네요."

이 말을 들은 여주인은 아무렇지도 않은 듯 크게 웃으며 말했다.

"어마나! 그래요? 그렇다면 한 접시 더 드려야겠어요."

그 이후로 벤 존슨은 음식을 흥보는 버릇을 고쳤다.

쓸데없는 걱정

'쓸데없는 걱정'이라는 어느 작가의 글에서 다음과 같이 분석한 것이 있다.

- 절대로 일어나지 않는 사건에 대한 걱정 40%
- 이미 일어난 사건에 대한 걱정 30%
- 별로 신경 쓸 일이 아닌 작은 것에 대한 걱정 22%
- 바꿀 수 없는 사건 걱정 4%
- 진짜 해결할 사건 걱정 4%

결론적으로 우리를 괴롭히는 96%는 쓸데없는 걱정인 것이다. 걱정을 하면 웃을 수 없으며, 스트레스는 사람들의 질병을 깊어지게 만든다.

📖 책장이 부족한 이유

미국의 저명한 학자 마크 트웨인은 장서가 많은 데 비해 책장이 턱없이 부족했다. 이것을 본 친구가 물었다.

"이보게 친구, 왜 이렇게 책장이 부족한가?"

"책은 빌려올 수 있지만, 책장까지야 어떻게….."

재미있는
삶의 10가지 원칙

원칙 1. 예의는 모든 것의 기본이다

고객은 실력이 없는 것보다, 예의에 어긋나는 회사나 직원을 절대 받아들이지 않는다. 고객은 이미 그것을 알고 있으며, 그것은 고객을 떠나보내는 지름길이다.

원칙 2. 밝고 좋은 이미지를 위해 노력하고 거듭 노력하라

열과 성을 다해 밝고 좋은 이미지를 위해 노력해야 한다. 밝고 좋은 이미지란 안정되고 기쁨과 감사의 마음이 겉으로 드러난 모습이다. 밝고 좋은 이미지를 만들기 위해서 가장 필요한 것은 안정되고 편안한 마음 상태를 유지하는 것이다.

원칙 3. '3비'를 멀리하라

'3비'란 비난, 비판, 비웃음을 말한다. 이유 없이 타인을 비난하고 비판해서도 안 된다. 더구나 상대를 향한 비웃음은 화를 자처하는 일이다. 링컨 대통령의 성공 비결은 상대를 어떠한 경우에도 비판하지 않고 매사에 불평하지 않는 데 있었다고 한다.

원칙 4. 대우받고 싶거든 먼저 상대를 대우해 줘라

누구나 대우받고 인정받는 것을 좋아한다. 무조건 대우해 줘라.

원칙 5. 욕심을 버려라

작은 것에 욕심을 내다 큰 것을 잃게 되는 경우가 있으니, 작은 이익을 위해 상대와 부딪히거나 자존심을 건드리는 일이 없도록 조심하라. 고객은 조금이라도 기분이 언짢게 되면 그 물건을 구입하지 않을 뿐만 아니라 다신 그 매장을 찾지 않을지도 모른다. 어디 그뿐인가? '그곳의 제품이나 서비스가 아주 안 좋다'고 곳곳에 소문을 낼지도 모른다.

원칙 6. 수시로 나의 표정과 말투를 점검하라

거울 앞에서 자신의 표정이 어떤지를 수시로 살펴봐라. 불만이 가득 찬 표정은 아닌지, 화난 표정은 아닌지, 무표정은 아닌지…. 부드럽게 웃는 얼굴이 상대방을 편안하게 해 줄 뿐만 아니라, 호감을 갖게 한다는 것은 불변의 진리이다. 또한 다른 사람을 불편하게 하는 말투라면 당장 바꿔야 한다. 상대방에 대한 배려의 마음이 없이는 친절한 말투, 부드러운 말투가 나오지 않는 법이다.

원칙 7. 상대가 말을 할 때 관심 있게 들어 주라

마더 테레사는 "내가 한 일은 사람들이 내게 무엇인가를 말할 때 그 이야기를 처음부터 끝까지 들어 준 것뿐입니다."라고 하였다.

고객의 말에 귀 기울이는 것이 말을 잘하는 것보다 더 중요하다는 사실을 잊지 마라.

모든 관계에 있어서 가장 중요한 키(Key)는 웃음이다. 그리고 웃음은 조직의 매출을 끌어올리는 일등공신이다. 모든 사람은 잘 웃고 유머 있는 사람에게 호감을 가지며, 그런 사람과 함께 있고 싶어 한다. 웃음을 선사하는 가게에 손님이 몰릴 수밖에 없는 것은 어쩌면 아주 당연한 일일 것이다.

웃음의 파워, 그 강력하고 긍정적인 에너지를 상대에게 전하게 되면 내가 원하는 대로 상대의 도움을 끌어내는 것이 한결 수월해진다. 웃는 얼굴이 당신을 성공으로 가는 길로 빠르게 이끌어 줄 것이다.

원칙 8. 표정은 밝게 하고, 목소리는 경쾌하게 한다

자신감이 없거나 억지로 웃게 되면 얼굴 근육이 많이 움직이지 않기 때문에 웃고 있어도 밝고 환한 표정으로 보이지 않는다. 따라서 무엇보다도 마음을 바꾸려는 노력이 필요하다.

웃음이 나오지 않으면, 오늘 하루 기분 좋았던 일 세 가지만 생각해 보자. 어느새 얼굴에 웃음이 지어지고 표정이 부드러워질 것이다. 또한 말하는 사람이 경쾌하고 밝은 목소리로 말할 때 상대방도 마음 편하게 웃을 수 있게 된다.

원칙 9. 상대를 배려하는 마음과 애정이 있어야 한다

상대가 무엇에 관심이 있는지를 알 수 있다면, 한층 자연스럽게 재치 있는 말을 할 수 있다. 지금 상대에게 정말로 필요한 것이 무엇인지를 고민하고 배려한다면 상대방의 마음을 열 수 있는 말이 보다 쉽게 나오게 된다. 아무리 재미있는 이야기라고 해도 사람에 따라서는 전혀 반응이 없을 수 있으므로 일방적으로 혼자 말하는 실수를 범하지 않도록 주의해야 한다.

물건을 팔 때도 마찬가지이다. 사람들이 건강에 관심이 많다고 해서 무조건 '건강에 좋다.'고 말하는 것만으로는 어떤 효과도 거둘 수 없다. 따라서 '건강에 좋다.'는 것을 어떤 식으로 말해야 할지 고민해야 한다.

대체로 자기중심적인 사람들이 말의 어려움을 많이 느끼는 이유는 상대방의 입장에서 얘기하는 것이 아니라 자기주장을 내세우거나 자기가 하고 싶은 말만 하기 때문이다. 상대방을 인간적으로 존중하고 인격적으로 배려하면 좋은 관계를 형성하는 것이 그리 어려운 일은 아니다.

원칙 10. 분위기 메이커가 되자

분위기가 어색해지면 시선을 딴 곳으로 돌리거나 다른 생각을 하게 되므로, 상대방이 관심을 가질 만한 화제로 전환해야 한다. 그리고 상대방의 반응을 봐 가면서 그다음에 어떤 이야기를 할 것인지를 판단해야 한다.

요즘 고객들은 단순히 무언가를 사고, 먹고, 입는 것이 아니라 소비하는 과정을 통해 즐거움을 얻고 스트레스를 해소하고자 하는 욕구가 상당히 커지고 있기 때문에 틀에 박힌 언어와 어투, 틀에 박힌 서비스 등 정형화된 그 무엇들로는 더 이상 고객의 마음을 사로잡을 수 없다. 한 번 온 고객을 두 번, 세 번 오게 하려면 비장의 무기를 마련해야 한다. 그래서 고객을 대하는 기업이나 매장에서는 웃음과 유머가 경쟁력이 될 수밖에 없는 것이다.

✌️ 아침 뉴스

두 도둑이 은행을 털고 무사히 도망쳤다.

한 도둑이 다른 도둑에게 말했다.

"야! 성공했으니까 이게 얼마인지 당장 세어 보자!"

그러자 다른 도둑이 말했다.

"피곤하니까 오늘은 그냥 자고 내일 아침 뉴스 보자."

건강한
웃음의 법칙

웃는 데도 나름대로의 법칙이 있다. 효과적으로 웃는 방법을 알아보자.

복식호흡으로 웃기

복식호흡이란 아랫배로 숨을 쉬는 것을 말하며, 웃을 때 아랫배에 힘을 주고 복식호흡을 하고 웃으면 다이어트에도 효과가 있다.

소리 내어 크게 웃기

우리의 뇌는 진짜 웃음과 가짜 웃음을 구분하지 못하기 때문에 소리 내어 억지로라도 웃으면, 우리의 뇌는 진짜 웃음으로 받아들여 엔도르핀을 만들어 낸다고 한다.

10초 이상 웃기

10초 이상 웃어야 진짜 웃음으로 뇌가 인식하며, 날숨으로 웃게 되면 체내의 독소도 배출시킨다고 한다.

🖐 해고

사장이, 게으르고 나태한 직원들을 모두 해고시키겠다고 벼르면서 공장을 둘러봤다.

그런데 한 사람이 일도 하지 않고 우두커니 서 있는 것이 아닌가. 옳거니! 본때를 보여 주어야겠다고 생각하고 그를 불렀다.

"자네, 한 달에 얼마 받지?"

"네, 1백만 원 받습니다."

그 말을 들은 사장이 주머니에서 1백만 원을 꺼내 주면서 말했다.

"자, 이거 받고 내일부터 나오지 말고 그만 가 보게."

그 젊은이는 돈을 받자마자 쏜살같이 공장 밖으로 나갔다.

사장은 주위를 둘러보면서 물었다.

"아까 그 젊은이는 어느 부서에서 일했지?"

"피자 배달하러 온 사람인데요."

인간은 행복과 성공을 향해 달리는 자전거와 같아서, 목표를 향해 열심히 페달을 밟으면 앞으로 나가지만 움직이지 않고 가만히 있으면 중심을 잃고 쓰러지게 된다. 이때 필요한 것이 바로 긍정적 사고다.

자전거를 타다 보면 장애물에 걸려 넘어질 수도 있고 진흙탕에 빠질 수도 있다. 하지만 이 상황을 잘 극복하면 편한 길로 잘 달릴 수 있다. 긍정적 사고는 자전거를 움직이게 하는 에너지와 같아서 긍정적 사고로 대응하면 이미 절반의 성공 카드를 확보한 것이나 다름없다.

어린 시절을 떠올려 보자. 대수롭지 않은 일로도 깔깔거리며 웃었고, 앞이 보이지 않는 상황이라도 희망을 잃지 않고 내일에 대한 꿈으로 가득 차 있지 않았었는가.

장애물에 걸려 넘어지거나 진창에 빠질지도 모른다는 부정적인 생각은 모두 털어 버리고, 곧은길을 신나게 달려가는 자전거에 올라탄 아이처럼 활짝 웃어 보자.

PART. 3

재미의 기술

세상사의 다양한 일에 관심을 갖고
그것을 다른 시선으로 바라보면
유머의 소재는 곳곳에 풍부하게 널려 있다.
상상력을 발휘해서 생각을
이리저리 비틀고 폭넓게 생각하는 것이다.
남들이 미처 생각하지 못했던 것에서부터
비로소 유머는 탄생된다.

재미있는
사람이 되는 단계

1단계: 남의 유머에 집중하라

어떻게 얼마나 반응하느냐에 따라서 유머감각이 잠을 깬다.

2단계: 남이 해 준 이야기를 기억했다가 주변 사람들에게 해 준다

얼마나 정확하게 기억하는지 그리고 얼마나 재미있게 재현하는지가 관건이다.

3단계: 나도 사람들을 웃게 해 주고 싶다는 욕심을 갖게 된다

적극적으로 유머를 수집하기 시작한다. 사람들에게 재미있는 이야기를 해 달라고 요청하기도 하고, 유머 책이나 개그 프로그램 등에 관심을 갖는다.

4단계: 유머 창작하는 시기 돌입

시중에 떠도는 유머를 가지고 하나씩 나만의 유머를 만들어 내기 시작하고, 사람들의 반응이 좋으면 자신감을 느낀다.

5단계: 유머 정착 시기

유머가 일상생활에서 자연스럽게 정착되는 시기로 억지웃음에 집착하지 않아도 자연스럽게 애드리브가 튀어나오고, 사람들에게 유머를 던졌을 때 적어도 성공률이 50% 정도가 된다.

6단계: 유머 성공기

유머가 몸에 잘 맞는 옷처럼 자연스럽게 입에서 빵빵 터지는 유머가 구사된다. 웃지 않는 사람이 오히려 바보가 된다.

7단계: 유머의 신

유머의 달인으로서 경지에 이른다. 재미로 사람들을 웃기는 시대가 끝나고, 돈을 받고 유머 강의를 전국으로 하러 다니는 시대가 열린다. 머리에서 수많은 아이디어가 하루에도 수시로 떠오르고 세상의 모든 것들이 유머의 소재가 된다.

유연한 사고를
가져라

유머는 타인과의 거리를 좁힐 뿐만 아니라 대화의 분위기를 밝게 하고, 자칫 어색하고 딱딱한 상황을 부드럽게 바꿔 주기도 한다. 또한 재치 있는 유머 한마디는 상대에게 용기와 희망을 주고, 잠시나마 모든 근심과 걱정을 사라지게 한다. 아무리 힘들고 절망적인 상황이라도 미소를 짓게 하는 강력한 힘이 있다.

유머는 때로는 속마음을 털어놓게 하고 사고를 유연하게 만들어 주기도 하기 때문에 협상에서 팽팽하게 줄다리기를 할 때도 유머를 활용하는 것이 효과적일 경우가 많다.

"여보세요? 주방 수도관이 터져 집 안이 온통 물난리니, 빨리 좀 와 줄 수 있나요?

"순서가 밀려 있어서 지금 당장은 어려운 데요."

"어쩌나? 아무튼 가능하면 빨리 와 주세요. 그동안 애들한테 수영이나 하라고 할 테니."

상대방의 입장은 생각 안하고 무조건 독촉하거나 요청하며 짜증을 내는 것보다 기분 좋은 말이나 유머 한마디를 건넴으로써 일이 부드럽게 해결되는 경우가 의외로 많다.

사람의 마음을 사로잡는 웃음의 기술

신규 고객을 창출하고 기존 고객을 유지하는 데도 절대적으로 필요한 것이 웃음이다. 아무리 판매하는 물건의 품질이 좋고 디자인이 좋아도 고객의 마음을 살 수 있는 무언가가 있지 않으면 고객의 마음을 사로잡을 수 없기 때문이다.

대형마트나 백화점에서 주부들의 눈을 끌고 발걸음을 멈추게 하는 곳이 있다. '초특가 세일'이나 '잠깐 세일' 혹은 '1+1'의 행사 코너이다. 그리고 그곳에서는 반드시 '웃음'이나 '유머'로써 사람들을 모이게 하는 이벤트가 벌어지기도 한다.

최고의 품질과 더불어 보너스를 얹어 줄 뿐 아니라, 거기에 더해 '웃음'이라는 특별 이벤트로 고객의 마음을 움직이게 하므로 손님들이 가벼운 마음으로 기분 좋게 쇼핑을 할 수 있어 인기가 많은 편이다.

고객의 마음을 얻기 위해서는 매장의 종업원, 점주 모두가 늘 밝고 웃는 표정이어야 한다. 그리고 고객들을 바라보며 마음속으로 이렇게 주문을 걸어야 한다.

'나는 오늘도 고객들에게 웃는 표정으로 최고의 서비스를 할 것이다. 그리고 고객의 마음을 열게 하고, 웃게 만들며, 고객이 늘 이 매장을 찾게 할 것이다.'

그리고 고객에게 밝게 인사하고, 불편하지 않게 챙겨주고, 같이 웃기 위해서 매장 직원 모두가 '웃음의 전도사'가 되어야 한다.

예전엔 부지런하고 성실한 사람이 최고의 직원이었다면, 요즘은 재치와 유머가 넘치는 사람이 최고의 직원으로 손꼽힌다. 웃음과 유머가 고객의 지갑을 열게 해서 매출로 이어지는 기술로 작용하기 때문이다.

처칠은 '입에 발린 첫마디는 공허하다.'고 했다. 누군가를 처음 만났을 때 '이렇게 만나 뵙게 되어 정말 영광입니다.'라거나 '뜻 깊은 이 자리에 저를 불러 주셔서 감사합니다.'라고 인사하는 것이 바로 입에 발린 말인데, 이런 말은 상대방에게 어떤 감동도 주지 못한다. 상대방에게 감동을 주고 싶다면, 이제 웃음과 유머로 한층 업그레이드된 첫마디를 할 때이다.

"여러분! 저는 오늘 여러분이 건강하게 사느냐, 아니면 죽느냐를 결정하기 위해 사명감을 가지고 이 자리에 오게 되었습니다."

건강식품을 판매를 위해 마이크를 잡은 어느 영업사원의 이 한마디가 관광지에 온 사람들의 발길을 세 시간이나 붙들어 둔 적이 있다.

타고난 끼가 없다고, 유머 감각이 없다고 고객을 웃지 못하게 한다는 법은 없다. 번뜩이는 재치와 개인기, 뛰어난 입담이 없더라도 고객에게 잔잔한 미소라도 짓게 하고 싶다는 마음만 있다면 얼마든지 가능한 것이 유머다. 고객을 웃게 하고 싶다면, 미리부터 자신 없다고 단정 짓지 말고 일단 한번 시도부터 해 보자.

방송에서 웃음의 요소를 발견하자

- 스타들의 무명 시절에 겪은 에피소드
- 토크쇼나 예능 프로그램에서 사회자나 출연자의 독특한 순발력 있는 멘트에 관심을 기울인다.

• 재미있게 표현하는 사람의 센스, 에드립, 표정, 몸짓, 억양, 말투, 유머 등을 관찰한다.

방송을 보면 유난히 재미있는 프로그램이 있다. 스타들의 무명 시절 이야기나 사회자의 순발력 넘치는 화법이 유머의 소재가 된다. 어느 배우는 무명 시절 처음 영화에 출연했을 때 포졸 역할이었다고 한다. 대사는 '그러게나.' 한마디였는데 그 대사를 네 시간이나 연습했다고 한다. 막상 촬영이 시작되고 감독이 '큐'를 외치는 순간 너무나 긴장한 나머지 이렇게 외쳤다.

"그러나게!"

무명시절 겪은 경험이나 삶의 지혜를 제 것으로 만들어 가는 사람은 스타가 되어서도 겸손하게 자신의 자리를 오랫동안 지켜 나갈 수 있을 것이다.

좌절 없는 청춘이란 과연 가치가 있을까? 그 좌절로 그 자리에서 우뚝 설 수 있는 사람이야말로 진정한 고통의 가치를 알 수 있을 것이다. 세상의 고락은 종이 한 장 차이라고 한다. 즐거움에도 괴로움에도 집착하지 않는 마음, 그것이 바로 유머의 정신이라고 생각한다.

✌️ 대한민국 남자라면 누구나 다(?) 가는 곳, 군대.

'작대기' 1개를 얻기 위해 모진 고생을 다하며 빨간 모자 교관에게 발발 기어 다니던 훈련소 시절이 있다. 그러나 어디나 '골통'은 있는 법.

빨간 모자를 눌러쓴 교관이 훈련병들에게 말했다.

"너희들은 이제 더 이상 사회인이 아니다. 앞으로 사회에서 쓰던 말투를 버려라. 모든 질문에 대답은 '예, 그렇습니다.', '저 말씀이십니까?'와 같이 '~다, 나, 까'로 끝을 맺는다. 모두 알겠나!"

한 훈련병이 대답했다.

"알겠다."

황당해진 교관은 화를 내며

"이런 정신 나간…. 야! 여기가 사회인 줄 아나! 모든 대답은 항상 '~다'와 '~까'로 끝난다! 무슨 소리인지 알겠나!"

그 훈련병이 다시 대답했다.

"알았다니까."

세상사의 다양한 일에 관심을 갖고 그것을 다른 시선으로 바라보면 유머의 소재는 곳곳에 풍부하게 널려 있다. 상상력을 발휘해서 생각을 이리저리 비틀고 폭넓게 생각해 보자.

폭소에 너무 집착하지 말고 다소 웃기지 않더라도 실망하지 말고 계속해 해 보라. 잔잔한 미소만 주더라도 일단 반은 성공한 것이다. 꾸준히 하다보면 예전에는 미처 엄두도 내지 못했던 유머가 어느새 눈에 들어오고, 유머를 만들게 된다. 남들이 미처 생각하지 못했던 것. 그것에서부터 비로소 유머는 탄생된다.

🖐 다이어트와 두통

민수가 한동안 다이어트에 열중하였다.

부인의 성화에 체중계에 올라선 민수가 말했다.

"여보, 나 어쩌지? 체중이 늘었어!"

그러자 상냥한 부인이 남편을 위로하듯 말한다.

"아이, 여보. 무슨 걱정을 하셔요? 아까 당신이 갑자기 머리가 무겁다고 하셨잖아요. 그것 때문이네."

유머는 상대방을 이해하고 분위기를 살리는 데 윤활유와 같은 역할을 한다. 재치 있는 말 한마디가 부부간의 사랑을 싹트게 하고 어색하고 딱딱한 분위기를 부드럽게 만든다. 유머를 잘하면 부부간의 사랑도 샘솟는다.

감성을
자극하라

✌️ 한밤의 문상객

한 여자가 지방에 출장을 가서 호텔에 묵었다. 그런데 방이 너무나 지저분하고 여기저기 바퀴벌레도 많이 죽어 있었다.

"어머나, 사장님. 바퀴벌레도 많아요."

"아가씨, 신경 쓰지 않아도 돼요. 그 바퀴벌레는 죽었으니까요."

여자는 이왕 들어온 곳이니 나갈 수도 없어 하는 수 없이 그 방에 묵기로 했다. 이튿날 아침, 체크아웃을 하고 나가다 카운터에서 사장이랑 마주쳤다.

"잘 잤나요? 손님! 바퀴벌레는 확실히 죽은 거죠?"

"확실히 죽은 거였어요. 그런데 밤새 문상객이 너무 몰려왔더라고요."

재미있는 사람은 화를 내기보다는 그 상황을 긍정적으로 표현한다. 새벽에 또다시 몰려온 살아 있는 바퀴벌레 떼를 문상객으로 표현하는 재치가 보인다. 재치 있는 말에 오히려 상대방이 더 미안했을 거라는 생각이 들지 않는가? 상황을 한번 상상해 보자. 상상이 창의성이고 창의성이 곧 유머의 핵심이다.

갈등을
피하라

✌️ 황송한 이유

어느 날 프랑스의 국왕 루이 15세가 유명한 외과의사의 병원에 친히 들렀다.

국왕: 나를 이 병원의 다른 환자들과는 다르게 대우하겠지?

의사: 전하, 황송하옵니다.

국왕: 황송하다니. 무슨 말인고?

의사: 저희 병원에서는 모든 환자를 왕처럼 대우하고 있습니다.

왕에게는 다른 환자들보다 좀 더 잘 대우할 거라는 고정관념을 깨고, 모든 환자들을 왕처럼 대우한다는 것이 유머 포인트다.

✌️ 신동과 바보

유명했던 신동 볼테르에게 고약한 노인이 짓궂게 말했다.

"어릴 때 너처럼 영리하게 굴면 나이 먹어서 바보가 된단다."

그러자 볼테르가 초롱초롱한 눈을 굴리며 말했다.

"그럼 할아버지도 어렸을 때는 저처럼 영리했겠네요?"

두 번째 유머에서도 오히려 아이의 대답에 노인이 할 말을 잃었다. 결국은 볼테르를 골려 주려던 노인이 오히려 볼테르에게 한 방 맞은 셈이 된 것이다.

✌ 국유화

대기업의 국유화로 치열하게 설전을 하던 의회가 잠시 정회하는 사이 처칠이 화장실에 들렀다.

참석자들로 가득 찬 화장실에는 딱 하나 빈자리가 있었는데 국유화를 강력하게 주장하는 노동당 당수 애틀리의 옆자리였다. 하지만 처칠은 다른 자리가 날 때까지 기다렸다. 이를 본 애틀리가 물었다.

"제 옆에 빈자리가 있는데 굳이 거길 안 쓰는 걸 보니 저에게 불쾌한 일이라도 있는 겁니까?"

처칠이 말했다.

"천만에요. 겁나서 그러죠. 당신은 뭐든 큰 것만 보면 국유화하자고 주장하는데 혹시 제 것을 보고 국유화하자고 달려들면 큰일 아닙니까?"

이처럼 유머는 상대에게 화를 내는 대신 유머로 멋지게 펀치를 날릴 수도 있고, 굳이 화를 내지 않고도 상대를 제압할 수 있는 비법이다.

애드리브에
강해져라

웃음은 자연스러운 분위기에서 나오는 것이라, 억지로 웃기려고 하면 웃음을 유발하기 어렵다. 대화의 주제와 어울리는 유머를 한다면 분위기를 돋울 수 있지만, 분위기와 전혀 맞지 않는 유머를 구사하면 웃음보다는 분위기를 썰렁하게 만들 수 있다.

유머는 대화 속에 자연스럽게 나와야 한다

만일 내가 "제가 들은 재미있는 얘기 하나 해 드릴까요?"라고 하게 되면 상대방은 이 말에 기대를 하게 된다. 그리고 너무 의도적이어서 재미가 없다고 느낄 수도 있으므로 유머를 대화 속에서 자연스럽게 스며들게 하는 것이 효과적이다.

유머는 타이밍이다

전문 개그맨들은 유머에는 타이밍이 모든 것을 결정하며, 좋지 않은 타이밍에 유머를 하면 순간 엉망이 된다는 사실을 잘 알고 있다. 그러므로 아무리 재미있는 얘기를 하더라도, 그것을 일부러 말하기 위해 대화의 맥을 끊어서는 안 된다. 미리 준비한 유머가 있더

라도 적절한 타이밍을 놓쳤다든지 웃을 분위기가 전혀 아니라면 과
감하게 포기하는 것이 좋다.

고정관념을
깨라

개그맨들은 유머 소재를 찾기 위해 많은 책을 읽거나 주변에서 정보를 수집한다. 우리가 굳이 개그맨처럼 웃길 필요는 없지만, 강의를 하는 입장에서 보면 책에서 보는 유머는 많은 분들이 알고 있는 경우가 많아서 유머를 직접 만드는 작업도 한다. 기존의 유머를 가지고 내 스타일로 표현하기도 하지만 유머를 만들어서 사용하면 더 신선하고 재미도 있다. 재미있는 이야기 소재는 우리 주변에 널려 있다. 그것을 활용하라.

노약자석의 비밀

지하철 노약자석에 앉아 자고 있는 아가씨에게 할아버지가 소리쳤다.
"아가씨, 얼른 일어나! 여기 노약자석인 거 안 보여?"
그러자 아가씨가 얼른 일어나면 좋으련만 한 소리 한다.
"할아버지 저도 돈 내고 탔거든요?"
이에 할아버지는 어이가 없다는 듯 말했다.
"아가씨, 이 자리는 돈 안 낸 사람이 앉는 자리야."
아가씨는 얼굴이 빨개져서 자리를 떴고 주변에 있는 사람들은 모두 웃었다.

임기응변으로
위기를 모면하라

📖 하나님보다 만나기 힘든 사람

폴 마이어라는 미국의 프로세일즈맨은 최고경영자를 만나기 위해
여러 번 시도하였다.

그러나 번번이 비서의 저지를 받자, 어느 날 멋진 리본을 맨 최고
의 상자를 준비해서 사장님 앞으로 발송하였다.

그 속에 이런 내용의 편지를 넣었다.

"저는 하늘에 계신 하나님도 매주 만나고 있는데, 어째서 사장님
을 뵙기는 이토록 힘이 드는 것일까요?"

그 후 그는 사장의 부름을 받을 수 있었고, 사장을 평생 고객으로
모실 수 있게 되었다.

상황에 강해야 한다고 하면 대부분 얄팍한 잔꾀를 부리는 것으로
생각하기 쉽다. 그러나 순발력이 바탕이 되어 있지 않으면 임기응
변은 생각할 수도 없다. 상대방을 배려하는 마음과 순간순간의 재
치가 어우러져 위기를 모면하고 때로는 상대방을 무안하게 만들지
않는 적절한 선에서 하는 것이 바로 임기응변이다. 유머의 달인들

을 보면 대부분 애드리브가 탁월하고 즉석에서 순발력을 유감없이 발휘한다.

🖐 이런 사람을 아십니까?

- 남들 다 퇴근할 때 들어와서 열심히 일하는 척하는 사람
- 밥상 들어올 때 볼일 보러 가는 사람
- 등산대회 갈 때 넥타이 메고 나타나 신사처럼 행동하는 사람
- 약속 시간에 임박해서 준비하고 나가는데, 그때 전화해서 급한 일이 생겼다고 핑계 대는 사람
- 술 마실 때 계속 안주만 먹는 사람
- 자전거를 타지 않고 끌고 가는 사람
- 오토바이를 밀고 가는 사람
- 삼겹살 굽고 있는데 익자마자 채가는 사람
- 내 남자 친구 앞에서 끼 부리는 여자
- 놀 것 다 놀고 순진한 척해서 남자의 환심을 받는 여자
- 한 턱 내겠다고 큰소리치고 다른 사람이 내게 하는 사람
- 커피 사겠다고 가서는 선물 쿠폰 뒤지다 그냥 가자는 사람
- 남들 돈 쓸 때 내지도 않으면서 돈 아끼라고 말하는 사람

경험을
활용하라

그 자리에서 바로바로 터지는 애드리브가 하루아침에 되는 것은 아니다. 많은 노하우와 자료가 쌓이고 쌓여 T·P·O에 맞게 터져 나오는 것이다. 그 자리에서 웃음이 터지게 하려면 아래와 같이 시도해 보자.

그때그때 일어나는 현상을 제대로 파악한다

어느 이야기들이 오고가는지 어느 때 치고 들어가야 하는지를 파악하는 것이 가장 중요하다. 유명한 오락 프로그램에 초대되는 손님들이 어느 때 치고 들어가면 웃음이 터지는지를 유심히 관찰해 보자. 때로는 말할 기회를 못 잡아서 한마디도 못 하고 들어가는 게스트도 종종 볼 수 있다. 뜬금없는 얘기는 분위기만 망칠 뿐이다.

상대방의 이야기를 듣는 동안 생각해 본다

상대방의 이야기를 들으면서 이럴 때 어느 유머가 적절한지 생각해 본다. 그런 후 전혀 준비되지 않고 나온 듯 태연하게 구사해 보자.

자연스럽고 느긋하게

표현은 자연스럽게 하되 느긋하게 프로그램의 내용과 전혀 동떨어지지 않은 것으로 선택한다.

✌건강관리와 주치

유명한 코미디언 조지 번즈의 파티에서 건강관리에 대한 얘기를 하고 있는데 누군가 100살이 되는 조지에게, 요즘 의사들을 어찌 생각하느냐 물었다.

"나는 하루에 시가를 열 대, 매일 점심 마티니 두 잔, 저녁에 또 두 잔을 마시죠. 그리고 젊었을 때보다 더 자주 여자들과 어울리죠. 그러면 사람들은 의사가 그것에 대해 뭐라고 생각하느냐고 물어봅니다."

그는 태연히 말했다.

"내 주치의는 10년 전에 죽었어요."

그러자 건강 때문에 심각해 있던 사람들이 폭소를 터뜨렸다.

경험에서 얻은 것이야말로 자연스런 웃음을 유도하기 편하다. 굳이 억지로 웃길 필요도 없기 때문이다. 살다 보면 있을 수 있는 이야기를 소재로 활용하는 것이 좋다.

✌코 푼 휴지의 정체

술이 잔뜩 취한 손님을 태워 가고 있는데, 뒤에 탄 손님이 가는 내내 코를 푸는 것이다. 참다못한 기사가 말했다.

"손님, 이제 그만 좀 푸시죠."

손님은 아무 말 없이 코 풀기를 중단하고 잠시 후 목적지에 내렸다. 뒤를 정리하려고 기사가 자리를 보니 코를 푼 휴지가 바로 돈이었다. 세어 보니 25만 원.

'에고, 내가 끝까지 풀게 했으면 70만 원은 됐을 텐데….'

상대를
미소 짓게 하라

유머라고 해서 모두 다 웃음을 주는 것은 아니다. 때로는 전혀 재미도 없거나 오히려 분위기를 망치는 경우의 내용들도 있다. 방송, TV, 잡지, 책, 인터넷, 광고 등에서 수집한 재미있는 것들로 누구나 웃을 수 있는 소재를 준비하여 대상과 장소에 맞게 적절하게 구사해 보자.

✌ 76번 버스

태준이가 정류장에서 버스를 기다리고 있었다.

어느 버스를 타야 하는지 몰라서 주위를 둘러보는데, 마침 경찰이 지나가는 경찰에게 물었다.

"아저씨, 마포 가려면 몇 번을 타야 하나요?"

경찰이 대답했다.

"여기서 기다리면 76번 버스가 올 거예요. 그걸 타면 마포로 갑니다."

경찰이 몇 시간 뒤 다시 버스정류장을 지나가게 됐다. 그런데 태준이가 아직도 정류장에 서 있는 것이 아닌가.

경찰이 물었다.

"아니, 아직 버스가 안 왔어요?"

태준이가 씩 웃으며 대답했다.

"걱정 마세요. 방금 74번째 버스가 지나갔으니까 이제 2대만 더 기다리면 돼요."

최근 유머를
활용하라

아주 오래전에 나왔던 유머를 웃기겠다고 나서면 실패할 확률이 높다. 왜냐하면 유머는 시대를 반영하므로 옛날 유머가 지금의 정서와는 다를 수 있기 때문에 최근 것으로 선택한다.

📖 아파트 이름이 쉬워진 이유

한동안 어렵게 짓던 아파트 이름을 다시 쉽게 짓고 있다고 한다. 왜? 아파트 이름이 어려우니까 시어머니가 시누이를 데리고 오신다 해서.

이 유머는 다시 요즘에 맞게 달라졌다. 아파트 이름이 다시 쉽게 짓는다고 한다. 왜? 아파트 이름을 어렵게 지으니까 시어머니가 시누이를 데리고 온다고 한다. 네가 대신 읽어 달라고. (시어머니도 싫은데 시누이까지?)

유머가 사회를 반영한다고 하는데 그래서인지 요즘 시어머니, 남편 관련 유머가 많아졌다.

착각녀 3

1. 며느리를 딸이라고 착각하는 여자
2. 사위를 아들이라고 착각하는 여자
3. 며느리의 남편을 내 아들이라고 착각하는 여자

이 유머를 보더라도 요즘 시어머니들이 아들을 결혼시키고 나서 이렇게 하면 안 되겠다는 생각이 들지 않겠는가?

나만의
유머를 만들어라

나는 유머를 잘 만든다. 물론 어렵다고 생각하면 어렵겠지만, 기존의 유머를 읽고 뒤에 몇 개를 만들어 붙이다 보니 이제는 유머를 만드는 것이 수월해졌다. 유머 감각이 있어야 유머를 만든다는 생각은 버리자. 유머를 한 가지 만들어 본다면, 이렇게 할 수도 있겠다.

✌️ 별별 거지들이 많기도 하네.
힘들다는 거지.
취직 안 한다 이거지.
직장 그만두었다는 거지.
유머에 관심 가질 거라는 거지.
앞으로 웃으며 산다는 거지.

내가 대학원에서 유머트레이닝을 강의할 수 있었던 것도 기존의 유머를 활용해서 만드는 연습을 꾸준히 해 온 덕분이다. '어떻게 말을 달리 표현하면 더 재미있을까?'를 생각해 보면서 기존의 유머 책을 노트에 옮겨 적으며 말도 바꾸어 보고 그 밑에 서너 개씩 만들어 덧붙여 보았다. 그 방법이 내가 유머를 만들고 활용하는 데 가장 많은 도움을 주었다.

PART. 4

국민을 웃게 하는
대통령

레이건 대통령의 영결식장은
'눈물바다'가 아닌 '웃음바다'였다고 한다.
엄숙해야 할 대통령 영결식장이 웬 웃음바다?
생각해 보면 어이없는 일일 수 있지만,
그에 얽힌 얘기를 아는 이들에게
레이건 대통령의 일화는 어찌 보면
당연한 건지도 모르겠다.

당대의 유머리스트,
링컨

링컨은 누구나 잘 알고 있는 미국의 대통령이다. 링컨 대통령은 당대의 유머리스트로서 유명한데, 한번은 링컨 대통령이 의회에서 한 야당의원으로부터 이런 비난을 받았다.

"당신은 두 얼굴을 가진 이중인격자요."

그러자 링컨이 억울하다는 듯 반문했다.

"만일 나에게 두 얼굴이 있었다면, 왜 이런 중요한 자리에 하필이 얼굴을 가지고 나왔겠습니까?"

링컨은 미국 역사상 손꼽히는 추남이다. 비쩍 마른 몸에 껑충한키, 그리고 못생긴 얼굴…. 그가 턱수염을 기른 이유가 못생긴 얼굴을 가리라는 어느 초등학생의 충고 때문이라는 것은 모두가 아는 사실이다.

하지만 그는 경쟁자들이 그의 형편없는 외모에 대하여 끊임없이 시비를 걸었음에도 불구하고 화를 내기는커녕 오히려 늘 만면에 웃음을 띠고 스스로 자기의 외모를 유머의 소재로 활용했던 것이다. 못생긴 얼굴을 내세워 "나는 이중인격자가 아니다."라고 맞받아치는 링컨 앞에서 다른 당의 의원들은 더 이상 공격의 말을 찾지 못하였다.

점원이었던 링컨

1858년 상원의원 선거에서 링컨과 맞붙었던 더글러스가 젊은 시절 잡화상의 점원을 지낸 링컨의 경력을 문제 삼았다.

"저어기, 저 사람은 잡화상의 점원에 지나지 않았습니다."

그러자 링컨은 청중을 향해 고개를 끄덕이며 아주 자신 있는 목소리로 이렇게 대답했다.

"맞습니다. 저는 잡화상의 점원이었습니다. 제가 점포에서 열심히 일을 하고 있을 때, 주인 눈을 피해 가며 빈둥빈둥 놀고만 있었던 사람은 저기 더글러스였습니다."

외투를 시내까지 가져가는 방법

미국 최고의 대통령 링컨이 청년 때의 일이다. 급히 시내에 나가야 하는데 가진 돈도 없고 이동할 수단도 없는 상황에서 급히 시내에 나갈 일이 생겼다. 그는 지나가는 마차를 세워 공손하게 말했다.

"죄송합니다만 제 외투를 시내까지 가져다주실 수 있겠습니까?"

"그야 어렵지 않지만 어떻게 당신의 외투를 시내까지 가져다줄 수 있는지요?"

이에 링컨은 정중한 자세로 답했다.

"그 점은 걱정 안 하셔도 됩니다. 외투 속에는 제가 있을 테니까요."

내가 갈 길

링컨이 하원의원 선거에 입후보했을 때의 일화이다. 그의 상대였던 피터 카트라이트는 감리교회의 유명한 부흥 강사였다. 이곳저곳의 교회에 초청을 받아 설교를 하는 사람인 만큼 연설에 관한 한 놀라울 정도로 말을 잘하는 사람이었다.

선거 운동 막바지 어느 날, 링컨은 우연한 기회에 카트라이트가 설교하는 어느 집회에 참석하게 되었다. 카트라이트는 명쾌하면서도 대단한 화술로 열변을 토하며 청중을 사로잡고 있었다. 그런데 설교를 하던 도중 그가 난데없이 부르짖었다.

"새로운 삶을 영위하고 충성으로 하나님을 사랑하며 천국에 가기를 소망하시는 분은 모두 자리에서 일어나십시오!"

그의 말에 곧바로 자리에서 일어선 사람은 얼마 되지 않았다. 워낙 갑작스런 말이었기 때문에 신자들이 그의 말을 제대로 알아듣지 못했다. 그러자 카트라이트는 주먹으로 연단을 치며 소리를 질렀다.

"천국에 가기를 원하는 사람이 겨우 이것밖에 안 된단 말입니까? 그렇다면 이번에는 지옥에 가기 싫은 분들 모두 일어나 보십시오."

이 말이 떨어지기가 무섭게 모두들 벌떡 일어섰다. 그런데 오직 한 사람만이 자리에서 일어나지 않고 있었다. 바로 링컨이었다. 카트라이트는 링컨을 향해 삿대질을 하며 소리쳤다.

"이보시오, 링컨! 실례되는 말입니다만, 당신은 어디로 가실 생각입니까?"

그러자 링컨은 태연스럽게 대답했다.

"나는 하원으로 가렵니다."

순간 장내에는 떠나갈 듯이 폭소가 터졌다. 당연히 링컨은 그의 대답처럼 하원으로 갔다.

적당한 다리 길이

미국의 16대 대통령 링컨은 키가 컸다. 무엇보다 하체가 길어서 그의 걸음걸이가 좀 특이했다. 링컨이 한창 선거 유세를 하고 있을 때, 한 사람이 다가와서 비꼬듯 물었다.

"사람의 다리 길이는 어느 정도면 적당한가요?"

링컨은 빙그레 웃으며 대답했다.

"땅에 닿을 만큼."

영원한 낙천주의자, 레이건

레이건 前 미국 대통령의 영결식장은 '눈물바다'가 아닌 '웃음바다'였다고 한다. 엄숙해야 할 대통령 영결식장이 웬 웃음바다? 생각해 보면 어이없는 일일 수 있지만, 그에 얽힌 얘기를 아는 이들에게 레이건 대통령의 일화는 어찌 보면 당연한 건지도 모르겠다.

'영원한 낙천주의자'라는 칭호를 갖고 있는 레이건은 미국인이 유난히 좋아하는 대통령이다. 추락하는 미국의 위엄을 일으켜 세웠으며, 서독 베를린 장벽 앞에서 총 한 발 사용치 않고 베를린 장벽을 무너뜨리고 소련연방을 해체시키는 등 냉전의 종식을 가져와 인류사에 위대한 업적을 남겼다. 그 특별한 업적뿐 아니라 탁월한 유머 감각을 겸비한 지도자였다는 사실도 남겨진 일화로 충분히 알 수 있는 사실이다.

지난 1984년 미국 대선 때 레이건과 그의 측근들은 '대통령이 되기에는 너무 늙었다'는 대중적 인식을 극복하는 것이 선거전의 과제라고 판단했다. 경쟁자인 먼데일 후보가 줄곧 레이건의 '고령'을 문제 삼고 나섰기 때문이다. 그는 어떻게 그 공격을 맞받아쳤을까? 다음은 후보들의 TV 토론에서 오갔던 대화 내용이다.

먼데일: 대통령의 나이에 대하여 어떻게 생각합니까?

레이건: 나는 이번 선거에서 나이를 문제 삼지 않습니다.

먼데일: 그게 무슨 뜻입니까?

레이건: 당신이 너무 젊고 경험이 없다는 사실을 정치적 목적에 이용하지 않겠다는 뜻입니다.

레이건의 이 한마디는 삽시간에 미국 전 지역을 웃음바다로 만들었다. 먼데일 후보가 집요하게 제기한 나이 문제를 절묘하게 상대에 대한 공격 수단으로 바꾸어 버렸기 때문이다. 선거 이후의 평가에 의하면 이 유머는 레이건의 당선에 상당한 역할을 했다고 한다.

또한 어느 정신병자의 총에 맞아 수술실에 들어가면서 부인 낸시 여사에게 "여보, 영화에서처럼 총알을 피해 납작 엎드리는 것을 깜빡 잊어버렸어. 그리고 제일 비싼 양복인데, 구멍이 나서 어떻게 하지?"라며 농담을 했고, 수술실 의사에게는 "당신들 모두 공화당원이겠지?"라고 말했다고 전해진다. 공화당원인 레이건 대통령이 생사의 갈림길인 수술실에서 담당 의사가 '민주당원일까?'를 염려해 건넨 농담이었다.

그는 나이, 신분, 성별, 재산과 관계없이 유머라는 매체를 통하여 미국인의 힘과 마음을 모았던 위대한 지도자였으며, 유머로 대중에게 다가섰던 친숙한 대통령이었다.

저격 사건

레이건 대통령이 힝클리의 저격을 받고 병원에서 수술을 받게 되었다.

"대통령 각하! 이제 수술을 시작하겠습니다."

그러자 레이건이 의사들을 쳐다보며 물었다.

"여러분들은 모두 공화당원이겠지요?"

"대통령 각하, 우리는 최소한 오늘만큼은 공화당원입니다."

마침내 수술이 끝나고 레이건이 의식을 회복했다. 측근들이 근심 어린 표정으로 다가오자 레이건이 말했다.

"이렇게 저격을 당할 정도로 할리우드에서 주목을 받았더라면 영화배우를 그만두지 말걸 그랬어."

멕시코 연설

레이건 대통령이 멕시코시티에서 연설을 했다. 저명인사들이 대거 청중으로 모인 자리였다. 연설을 마친 후 레이건은 맥없이 드문드문 이어지는 박수 소리를 들으며 자리에 앉았다.

다음 연사인 멕시코 정부 대표가 스페인어로 군중들에게 한 연설은 박수와 웃음으로 계속 중단되곤 했다. 그럴수록 레이건의 부끄러움은 더해 갔다. 레이건은 창피한 티를 내지 않기 위해 박수 치는 데 동참했다. 미국 대사가 고개를 기울이며 말했다.

"제가 대통령님이라면 박수 치지 않겠습니다. 연사가 지금 대통령님의 연설을 통역하고 있거든요."

열정의 대명사,
케네디

열정의 대명사, 케네디 대통령. 그는 세련된 유머와 여유 있는 웃음을 통한 상황 반전에 능한 사람이었다.

그가 43세의 젊은 나이로 대통령에 입후보했을 때, 상대는 산전수전 다 겪은 노련한 닉슨이었다. 당연히 선거의 쟁점은 '경륜이냐 패기냐'로 모아졌고 닉슨은 우위를 점하기 위해 선거 기간 내내 케네디를 '경험 없는 애송이'로 몰아붙였다. 이에 대해 케네디는 한 연설에서 이렇게 되받아친다.

"이번 주의 빅뉴스는 국제 문제나 정치 문제가 아니라 야구왕 테드 윌리엄스가 나이 때문에 은퇴하기로 했다는 소식입니다. 이것은 무슨 일이든 경험만으로는 충분하지 않다는 것을 입증하는 것입니다."

그는 이 유머 한마디로 전세를 역전시켰다.

임기응변

케네디 대통령이 베르난 산장에서 아야브 칸 파키스탄 대통령의 예방을 받고 환담했다. 내무장관 우달(Udall)이 아야브 대통령의 딸과 얘기를 나누면서 그는 언젠가 파키스탄에 있는 어떤 산에 가 본 일이 있다고 말했다.

그런데 불행하게도 우달 장관이 실수를 하고 말았다. 이때 케네디는 실수를 알아차리고 당황해하는 장관을 임기응변으로 구해 주었다.

"아가씨, 그래서 나는 내무장관을 어달(A dull: 우둔한) 장관이라고 부른답니다."

대통령과 주식

케네디 대통령은 기업인 사이에서는 인기가 없는 대통령이었다고 한다. 왜 그랬을까?

어느 CEO가 케네디 대통령에게 경제 전망이 어둡다고 말했다. 그에 대해 케네디는 이렇게 말했다.

"그러고 보니, 제가 대통령만 아니라면 주식을 샀을 것입니다."

그에 듣고 있던 CEO가 말했다.

"대통령만 아니셨더라면 저도 주식을 샀을 것입니다."

나이 많은 러닝메이트를 고른 이유

대통령 취임식 만찬장에서 한 기자가 케네디 대통령에게 언짢은 질문을 던졌다.

"젊은 후보께서 왜 나이 많은 존슨을 러닝메이트로 골랐습니까?"

그러자 케네디 대통령은 의아한 듯 큰 소리로 말했다.

"아! 그거요. 내가 콧물을 질질 흘릴 만큼 아직도 어려서 나이 많은 보호자가 아니면 비행기도 못 탈까 봐 나이 많은 존슨을 택했소. 그게 뭐가 잘못되었나요?"

잠수부

케네디 대통령은 바람 부는 봄날, 핵 잠수함을 점검하게 되었다. 잠수부들이 점검을 기다리면서 떨고 있었다. 대통령은 가능한 한 빨리 마치려고 서두르면서 그곳에서 몹시 떨고 있는 잠수부에게 말했다.

"당신들은 추위를 느끼지 못하는 사람들이라고 해군 제독이 나에게 이야기하던데….."

잠수부가 웃는 모습을 보고 케네디는 이야기를 계속하였다.

"우리가 이곳을 떠나게 되면 당신들은 곧 따뜻해질 것이오."

잠수부가 즉시 대답하였다.

"각하, 이곳에 당신이 있는 한 저는 행복하다고 생각합니다."

케네디 대통령이 이야기하였다.

"고맙소. 그러나 만약 우리가 결코 이곳에 오지 않는다면 당신은 그 고마움을 전혀 모를 것이오."

케네디의 재치

케네디가 우주비행사에게 공로메달(훈장)을 수여할 때였다. 그런데 아뿔싸! 실수로 훈장을 떨어뜨리고 말았다. '쨍' 소리와 동시에 주변은 찬물을 끼얹은 듯 조용해졌다.

하지만 케네디는 태연하게 훈장을 주워 들고 말했다.

"하늘의 용사에게 땅으로부터 이 영광을 건넵니다."

그의 한마디에 참석자 모두 뜨거운 박수를 보냈다.

루스벨트의
센스 있는 유머

영부인의 혐의

잡지 『굿 하우스키핑(Good Housekeeping)』은 엘리너 루스벨트를 "우리들의 날아다니는 영부인"이라고 호칭했다.

엘리너 여사가 어느 날 볼티모어의 한 교도소를 방문키로 했다. 그날 아침, 엘리너 여사는 남편을 방해하지 않기 위해 조심해서 백악관을 떠났다.

루스벨트 대통령은 부인이 왜 안 보이는지 비서에게 물었다.

"교도소에 계십니다, 대통령님."

대통령이 다시 물었다.

"놀랄 일은 아니군요. 그런데 혐의가 뭐죠?"

휘파람

루스벨트 대통령이 기자회견을 시작하자, 한 기자가 질문을 던졌다.

"걱정스럽거나 초조할 때는 어떻게 마음을 가라앉히십니까?"

그러자 루스벨트 대통령이 미소를 지으며 대답했다.

"초조하고 걱정스러울 때는 휘파람을 불지요."

그 대답에 의외라는 표정을 지으며 기자가 다시 물었다.

"대통령께서 휘파람 부는 걸 봤다는 사람은 없는 걸로 아는데요?"

그러자 루스벨트 대통령은 자신 있게 대답했다.

"당연하지요. 초조하고 걱정스러웠던 적이 아직은 없었으니까요."

배급해 줄 수 없는 한 가지

루스벨트는 까다로운 동료들을 어르는 데 선수였다. 성격이 민감한 해럴드 이키즈 내무장관은 1941년 겨울 동부 해안 지역의 여기저기에서 연료가 부족하다는 이유로 비판받고 있었다. 루스벨트는 몸소 리머릭(5행의 난센스 시)을 지어서 예민한 장관을 달랬다.

열정이 놀라운,

패션의 여인이 있었네.

그녀는 침대에 뛰어들어,

평소처럼 말했다네.

"여기 이키즈가 배급해 줄 수 없는 게 하나 있어요."

예수 그리스도가 아닙니다

수년 동안 루스벨트와 그의 지지자들은 대공황이 후버 때문이라고 규정했다. 제2차 세계대전이 발발했지만 두 사람의 악감정은 풀어지지 않았다.

일본의 진주만 기습 직후, 루스벨트는 버나드 바루크를 불러 인력 부족과 엉망이 된 국내 상황에 가장 효율적으로 대처하는 방안 등을 논의했다. 바루크는 또 그 전임 대통령이 기꺼이 전쟁 기간에 직무 봉사할 것으로 믿는다고 말했다. 그러자 의견이 달랐던 루스벨트가 이렇게 말했다.

"나는 예수 그리스도가 아닙니다. 그리고 그를 죽은 자 가운데서 다시 살려 내지도 않을 것입니다."

엘리너 여사의 사랑

미국 32대 대통령인 프랭클린 루스벨트는 노후에 관절염에 걸려 어쩔 수 없이 휠체어 신세를 지게 되었다. 휠체어에 앉은 루스벨트가 부인 엘리너 여사에게 농담을 던졌다.

"몸이 불편한 나를 아직도 사랑하오?"

그러자 그녀는 이렇게 대답했다.

"나는 당신의 다리를 사랑한 것이 아니라 당신을 사랑했습니다."

아이젠하워의
유머 리더십

필요할 때 사라지는 것

아이젠하워 대통령이 댈러스 국무장관을 데리고 프랑스 파리를 방문할 때의 일이다. 파리의 미국대사관저에 묵고 있을 때, 댈러스 장관의 경호원이 자기 상관을 만나러 방에 들어갔다가 뜻밖에도 잠옷 차림을 한 대통령이 몹시 흥분한 목소리로 그에게 소리를 치는 것이었다.

"도대체 이놈의 국방부장관 댈러스는 어디로 간 거야, 아니면 어디에 있는 거야? 왜 안 보이지?"

경호원이 놀라서 말문이 막혀 아무 소리도 하지 못하고 있을 때, 다시 대통령의 큰 호통이 떨어진다.

"제기랄! 댈러스, 어디로 갔지? 여기에 있기나 한 거야? 내가 꼭 필요한 때면 사라지는 이유가 뭐야?"

경호원은 황급히 더듬거리며 조심스럽게 말하였다.

"댈러스 장관이 지금 아마도 프랑스 외무부에 가신 것 같습니다."

그러면서도 한편은 댈러스 장관이나 대사가 없다고 해서 대통령이 이처럼 큰 소리를 지르고 난리를 피우니 무슨 큰일이 난 건지,

아니면 중요한 국가적인 문제가 지연되고 있는 건지 궁금해지기도 했다.

이때 아이젠하워 대통령은 몸에 무슨 이상이 있는지 신경질적인 증세를 보이며 대사관저를 껑충껑충 뛰어다니면서 왔다 갔다 하더니, 어느 한순간 무언가를 생각하는 건지 그 자리에 동상처럼 우뚝 서서 아무 말도 반응도 없었다. 그리고 한참 동안 한곳을 주시하더니,

"아니, 내가 찾는 시바스 리갈을 대사는 어디에다 넣어 두지?"

하는 것이 아닌가.

그 후로부터 경호원은 어떠한 일로도 존경하지 않게 되었다.

달라진 것

아이젠하워는 두 번의 대통령 임기를 마치고 정계를 은퇴했다. 퇴임 후 그는 골프를 치기 위해 어느 지방 골프 클럽에 갔는데, 골프를 마친 후 골프장 직원이 다가와 물었다.

"백악관을 떠나신 후 뭐 좀 달라진 것이 있습니까?"

그러자 아이젠하워가 대답했다.

"있지. 골프 시합에서 나한테 이기는 사람들이 더 많아졌어."

정직한 젖소

아이젠하워 대통령이 한 클럽에서 연설할 때이다.

"어렸을 때 아버지와 함께 젖소를 사러 갔습니다. 아버지는 좋은

젖소를 사려고 소의 혈통과 우유 생산량을 물었지만 주인은 모른다고 말했습니다. 하지만 정직한 소라서 주인을 위해서 모든 것을 바친다고 했습니다."

사람들이 호기심 가득한 눈빛을 보내자 아이젠하워는 여유 있게 연설을 마무리했다.

"여러분, 저는 그 젖소와 같습니다. 제가 가지고 있는 모든 것을 미국 국민을 위해 바치겠습니다."

트루먼의
진솔한 위트

입당 이유

공화당 지지자인 어떤 사람이 트루먼에게 민주당에 입당한 이유를 묻자, 그는 이렇게 대답했다.

"제 아버지가 민주당원이기에 민주당을 택했던 겁니다."

이 말에 공화당 지지자가 야유를 보냈다.

"아버지가 강도였다면 당신도 강도가 됐겠는걸?"

그러자 트루먼은 정색을 하며 대꾸를 했다.

"만일 아버지가 강도였다면 나는 당연히 공화당에 입당했을 겁니다."

공을 볼 수 없는 그가 맡은 일

트루먼은 소년 시절 야구하기에 어려움을 겪을 정도로 시력이 약했다고 말했다.

"공을 볼 수 없었기 때문에 저는 특별한 일을 맡았습니다."

누군가가 물었다.

"대통령님, 그게 무엇이었습니까? 치어리더였나요?"

트루먼이 대답했다.

"아닙니다. 심판이었습니다."

신분을 초월한 긍정의 힘,
조지 워싱턴

예의바른 사람

미국의 초대 대통령 조지 워싱턴.

어느 날 그의 집에 불란서 장군이 방문했다. 음식을 먹으며 한창 이야기를 나누고 있는데, 한 노예가 들어와 좋은 시간을 보내라는 인사를 했다.

그런데 이 말을 듣자마자 워싱턴이 일어나서 그 노예에게 정중히 답례를 했다. 그 장면을 본 불란서 장군이 궁금해서 물었다.

"아니, 왜 집안의 노예에게 일어서서 인사를 하십니까?"

워싱턴이 대답했다.

"내가 노예보다 예의가 없는 사람이 되면 되겠습니까?

군인을 업은 노인

어느 여름날, 홍수가 나자 한 노인이 시냇가의 물이 넘친 정도를 살펴보고 있었다. 그런 노인에게 육군 중령 계급장을 단 군인이 다가와 말했다.

"어르신, 미안합니다만 제가 군화를 벗기가 어려워서 그런데, 혹시 저를 업어 저기까지 건너 주실 수 있을까요?"

군인의 부탁에 노인은 흔쾌히 승낙하며 군인을 업었다. 한참을 건너가고 있는데 군인이 물었다.

"어르신께서도 군대에 다녀오셨나요?"

"네, 다녀왔지요."

"사병이셨습니까?"

"아니오, 장교였습니다."

이때 냇가를 다 건넌 노인이 군인을 바닥에 내려놓았다. 고마운 마음에 군인이 노인에게 물었다.

"어르신, 고맙습니다. 혹시 성함을 알 수 있을까요?"

그러자 노인이 대답했다.

"저는 조지 워싱턴입니다."

노인의 대답에 군인은 소스라치게 놀랐다. 그 이유는 자신을 업어 물을 건넌 노인은 당시 미합중국의 유일한 오성장군(五星將軍)이었던 조지 워싱턴이었기 때문이었다.

미국 대통령의
재치와 유머

빌 클린턴

빌 클린턴 전 대통령의 어머니인 버지니아 클린턴 캘리는 5번이나 결혼할 정도로 불행한 여자였으나 정이 많고 관대하고 유머가넘쳤다. 그녀는 간혹 의붓아버지가 아들을 때리면 맞서 싸우며 자식을 보호했다. 그런 여건 속에서도 아들에게 3가지를 가르치며 인생의 어려움을 극복하도록 했다.

"절대 포기하지 마라. 항복하지도 마라. 웃는 걸 두려워하지 마라."

윌리엄 하워드 태프트

대통령으로서 태프트의 앞길은 처음부터 순탄치 않을 조짐이 보였다. 1909년 3월, 바람이 매서울 만큼 날씨가 추워 취임식 장소가실내로 옮겨졌다. 1985년 로널드 레이건의 두 번째 임기 취임식까지, 이렇게 관례에서 벗어나는 일은 다시없었다.

태프트는 그날 아침 퇴임하는 대통령 시어도어 루스벨트와 함께식사하면서, 자신의 대통령 취임에 대해 겸허하게 말했다.

"자연마저도 저항하는군요."

라고 말하며 껄껄거렸다. 태프트는 한참 후에 또 이렇게 말했다.

"제가 합중국 대통령이 되는 날은 추운 날이 될 것이라고 늘 생각하고 있었습니다."

앤드류 존슨

미국의 17대 대통령 앤드류 존슨은 세 살에 아버지를 여의고 몹시 가난하여 학교 문턱에도 가 보지 못했다. 그는 열 살에 양복점에 들어갔으며 열일곱에 양복점을 차려 독립, 그 후 결혼해서야 읽고 쓰는 법을 배웠다.

존슨은 테네시 주지사, 그리고 상원의원으로 당선되었으며 링컨 대통령이 암살되자 부통령으로 임기를 물려받아 대통령직을 수행했다. 어느덧 임기가 끝나 17대 대통령 선거에 출마하게 되었는데, 상대편에서는 존슨이 무학이라는 사실을 비난하고 나섰다.

"한 나라를 이끌어 가야 하는 대통령이 초등학교도 나오지 못했다면 어떻게 그를 믿을 수 있겠습니까?"

존슨은 자신의 아픈 과거를 건드리는 처사에도 불구하고 침착하게 연단에 올라 말했다.

"국민 여러분, 예수 그리스도가 초등학교에 다녔다는 말을 들어 본 적이 있습니까?"

제임스 가필드

제임스 가필드는 미국의 20대 대통령. 어려서부터 지는 것을 죽기보다 싫어했던 가필드는 대학 시절 수학을 잘하는 친구를 이겨 보려고 머리를 싸매고 수학 공부를 했다. 그런데 애를 써도 그 친구를 따라잡을 수가 없었다.

어느 날 밤, 가필드는 공부를 끝내고 잠자리에 들려고 할 때 건너편 그 친구의 기숙사 방에 불이 켜져 있는 것을 보았다. 불을 끄고 가만히 지켜보니, 정확히 10분 후에 그 방의 불이 꺼졌다.

'결국 10분이 저 친구와 나의 차이였군.'

그날 이후 가필드는 10분씩 더 공부하여, 수학에서 결국 그 친구를 따라잡을 수 있었다.

캘빈 쿨리지

미국의 캘빈 쿨리지 대통령은 오늘날 미국이 세계 초강대국이 되는 기반을 닦은 대통령이다.

어느 날, 쿨리지 대통령 내외가 비서와 함께 시골에 있는 친구의 농장으로 휴가를 떠났다. 부인은 비서와 함께 농장 구경을 하던 중 수탉이 교미를 하느라 수선을 피우는 모습을 목격했다.

"수탉은 하루에 몇 번이나 교미를 하지요?"

"글쎄요, 한 열 번도 더할걸요."

"어머, 그래요? 이 사실을 대통령께 꼭 말씀드렸으면 좋겠어요."

"상황을 봐서 전해 드리겠습니다."

비서가 잠시 후 그 사실을 전하자 쿨리지 대통령이 빙긋이 웃으며 물었다.

"그 수탉 참으로 대단하군. 그런데 매번 같은 암탉과 교미를 하는가?"

"아닙니다. 할 때마다 파트너가 바뀌거든요."

"그런가? 그렇다면 그 사실을 아내에게 확실하게 꼭 말해 주게."

PART. 5

재미를 주는
유머

어느 남자가 하는 일마다 안 되니
한강에 갔다. 하나 둘 셋 하고
뛰어내리려니까 어느 노신사가
등을 잡으며 말했다.
"이보게 젊은이, 지금 빠지면 감기 걸려.
여름에 와서 빠져!"
고통도, 스트레스도 살아 있다는
증거이니 감사하는 마음을 갖자.

연장

어느 날 조폭 두목들이 단체로 쇼핑을 하러 왔다. 그들은 골프제품 매장에 들어갔다. 겁이 난 종업원이 더듬거리며 말했다.

"저기 뭐… 찾으…시는 거… 있으세요?"

조폭 두목들은 종업원을 무시한 채 구경에 열중했다. 그중 제일 큰형님이 골프채 하나를 집어 들어 사뿐히 스윙을 하고는 한마디 했다.

"아그들아, 어떠냐? 폼 나냐?"

동생들이 웃으며 대답했다.

"아따! 성님은 뭐를 잡아도 다 연장 같소."

자신들이 조폭이라는 것을 생각하니 '연장'이라는 말이 나왔다. 여기서의 웃음 포인트는 '연장'이라는 단어이다.

채무

어느 사람이 사업에 실패하여 친구에게 돈을 꾸러 왔다.

"여보게, 나에게는 마지막 기회라네. 돈 좀 꾸어 주게. 열심히 일해서 갚겠네. 제발… 부탁하네."

처지가 하도 딱하여 친구는 부인에게 상의도 없이 돈을 꾸어 주었다.

그리고 6개월이 지난 어느 날, 그 친구가 다시 찾아왔다.

"사업이 잘되는가? 얼굴이 뽀얘졌네."

"이보게, 돈을 다시 빌리러 왔다네. 한 번만 더!"

"자네 얼굴을 보니 좋은데, 지난번 꿔 간 돈은 어쩌고?"

"지난번 꿔 간 돈으로는 내 몸보신을 했다네. 내가 우선 건강해야 사업을 해서 돈을 벌 게 아닌가? 요번에 꿔 간 돈으로는 본격적으로 사업을 할 거라네(누가 또 꿔 준대?)."

〉 다소 뻔뻔하긴 하지만 긍정적인 마인드는 본받을 만하다. 내가 건강해야 빚
〉 도 갚고 가족도 먹여 살릴 것이 아닌가.

욕심

재물을 무척 탐내는 욕심쟁이가 있었다.

그러던 어느 날 욕심쟁이가 중병에 들었는데, 주어진 일에 항상 만족하며 사는 사람의 내복을 입으면 병이 낫는다는 말을 전해 들었다. 그는 여러 사람을 시켜 주어진 생활에 만족하며 사는 사람을 찾으라고 했다.

드디어 그런 사람을 찾았다는 사람이 도착했는데 손을 보니 아무것도 들려 있지 않았다.

"아니, 대체 그런 사람을 못 찾았다는 것인가?"

"찾았습니다."

"그런데 어째 빈손인가?"

"네, 찾았습니다만 그 사람은 내복을 입지 않고 살았습니다."

쥐고 있으면 불편할 것을 내려놓으면 어느 순간 마음이 평온해지는 것을 느낄 수 있다. 미움, 원망, 집착 등등 욕심 없고 주어진 생활에 만족하는 사람은 내복조차도 입지 않는다는 것이 유머의 핵심!

답변

남자: 전공이 무엇인지요?

여자: 도서관학과요.

남자: 책 정리하는 데 4년이나 공부하나요?

여자: 그러는 댁은 무슨 과(科)인데요?

남자: 저는 토목과(科)입니다.

여자: 아하! 못 박는 데 2년! 빼는 데 2년요?

나의 대학 전공은 도서관학이다(지금은 문헌정보로 바뀌었지만). 대학 때 과대표를 2년 하면서 선후배들에게 무수히 많은 미팅을 주선해 주었었는데, 그날은 한 명이 갑자기 일이 생겨 못 나오는 바람에 주선자인 내가 참석하게 되었다. 상대방 남학생은 미리 예쁘고 날씬한 무용과 여학생이 나온다는 정보를 받고 내심 기대가 컸던 모양이었다. 그런데 내가 나갔으니 첫눈에 실망하는 빛이 역력했다. 인상 쓰고 묻는 남학생에게 내 순발력이 한몫을 한 것이다. 우리가 학문을 하는 것이지 아무렴 4년 동안 책정리만 하겠는가? 그렇게 물었으니 나 역시도 그리 답할 수밖에.

나만의 방식

한 남자가 술집에 들어가 외쳤다.

"어떤 여자든 나와 사막에 가서 내 방식대로 하면 2억을 주겠소."

"어머! 정말요? 저요, 저요. 제가 갈게요."

한 여자가 성큼 나섰고, 둘은 함께 멋진 차를 타고 사막으로 떠났다. 한참을 가다가 여자가 너무도 궁금하여 물었다.

"아저씨, 대체 아까 말한 나만의 방식이 뭐예요?"

그러자, 남자가 말했다.

"절대 외상!"

돈도 없으면서 여자는 필요하고, 여자 역시 2억이라는 돈이 필요해서 따라 나섰는데, 설마 남자가 말하는 방식이라는 것이 외상이라는 것을 상상이나 했겠는가? 여기서의 포인트는 상상력을 깼다는 것에 있다.

초대하는 이유

어느 날 철수는 회사에서 퇴근해 집으로 온 후 아내에게 미안한 듯 말했다.

"내일 말이야. 회사 후배 2명을 집으로 저녁 초대했거든."

이 말을 들은 아내는 인상을 찌푸리며 말했다.

"뭐라고요? 아니, 왜 그런 일을 당신 마음대로 결정하는 거죠? 집도 조그맣지, 나는 요리도 할 줄 모르지…. 또 당신에게 억지로 애교를 부려야 하는 것도 진절머리가 나는데 당신 후배들한테 잘해 줄 리 없잖아!"

그러자 남편이 시큰둥하게 말했다.

"응. 이미 알고 있어."

남편의 말에 아내는 더욱 화를 내며 말했다.

"뭐라고요? 다 아는데 왜 초대한 거죠?"

남편이 말했다.

"그 녀석들이 결혼하고 싶다는 바보 같은 소리를 자꾸 하잖아."

누군가 결혼은 미친 짓이라고 말했다. 그러나 결혼을 해 봐야 인생을 알고,

자식을 낳아 봐야 부모님의 마음을 알 수 있다. 결혼이란 결국 혼자가 되는 것이라고 누군가 말했지만, 상대에게 지나치게 많은 것을 바라지 않는다면 꼭 결혼이 후회되는 것만은 아니다.

과음

두 술꾼이 술에 만취한 채로 철길을 엉금엉금 기어가고 있었다.
앞에서 기어가던 친구가 말했다.

"야! 무슨 사다리가 이렇게 길지? 끝이 없네. 내려갈 수도 없
고…."

그러자 뒤에서 기어오던 친구가 말했다.

"못 올라가겠다. 좀 쉬어 가자. 야! 밑에서 엘리베이터 올라온다."

술의 힘을 빌려서 용기를 내서 그동안 하지 못하던 행동을 하는 것은 나중
에 술이 깨고 나면 나를 더욱 괴롭히게 된다. 과한 것은 모자람만 못하다는
말이 있듯이 술은 적당히!

살 이유

어느 남자가 하는 일마다 안 되니 한강에 갔다. 하나 둘 셋 하고 뛰어내리려고 하니까 어느 노신사가 등을 잡으며 말했다.

"이보게 젊은이, 지금 빠지면 감기 걸려. 여름에 와서 빠져!"

남자는 웃음이 나와 집으로 돌아왔다. 그 남자는 신문의 작은 귀퉁이에 광고를 냈다.

"그때 제 등을 잡으신 분이 이 기사를 보신다면 꼭 연락 주시기 바랍니다."

사는 것이 힘들고 자신이 싫어질 때 자신의 묘비명을 써 보면 삶의 태도가 달라진다고 한다. 고통도, 스트레스도 모두 살아 있다는 증거이니 감사하는 마음을 가져 보자.

다른 사람과 나

남편의 실직으로 끼니 걱정이 끊일 날이 없던 아내가 있었다.

그러던 어느 날 고급승용차를 타고 동네에 나오니, 옆집 할머니가 물었다.

"드디어 남편이 직업을 취직하셨나 봐요?"

"아뇨, 남편을 바꾸었어요."

상대를 내가 원하는 대로 바꾸기란 쉽지 않으므로 내가 원하는 상대를 찾아야 한다. 그런데 내가 원하는 상대를 찾는 일이 어디 말처럼 쉬운가? 그러니 상대를 내가 원하는 대로 바꾸려 하기보다는 이해하고 받아들이자.

친구의 우정

무인도에 세 남자가 표류 중이다.

남자A: 하나님, 저를 가정으로 돌아가게 해 주세요. 저에게는 사랑하는 가족이 저를 기다리고 있어요. 제발!

남자B: 신이시여, 저를 원래의 제 위치로 돌아가게 해 주세요. 저는 할 일이 많습니다. 이렇게 여기에서 있을 수는 없습니다. 신이시여!

남자C: 저는 이대로도 좋습니다.

그러던 어느 날, 그들의 소원대로 이루어지게 되었다.

신이 "얍" 하고 소리를 지르시니, 첫 번째 남자가 '뿅~' 하고 가정으로 돌아갔다.

신이 두 번째 남자에게 "얍" 하니 두 번째 남자도 가정으로 돌아갔다.

그러더니 신은 세 번째 남자에게 다시 물었다.

"네 소원이 뭣이라고?"

세 번째 남자 왈,

"저는요, 일가친척 가족 모두 없습니다. 이곳에서 A와 B랑 죽을 때까지 살겠습니다."

"알았느니라. 얍~"

'뿅', '뿅'! 다시 나타난 두 남자.

> 세 번째 남자의 말 한마디로 두 남자의 행복은 사라졌다. 살다 보면 이렇듯 예기치 않게 주변 사람으로 인해 피해를 보는 경우가 많다. 나로 인해 남의 행복을 빼앗지 말자.

너 같은 건

미순이네 엄마가 오랜만에 차를 끌고 시내를 나갔다. 그때 옆에
가던 남자가 물었다.

"아줌마! 우리 데이트 할까요?"

미순이네 엄마는 대꾸도 하지 않은 채 달렸다.

다음 신호등에서 정차하고 있는데 방금 전 그 남자가 또 말한다.

"아줌마, 우리 차 한잔하자고요."

미순이네 엄마, 그 남자를 보고 한마디 던진다.

"너 같은 건 집에도 있다."

부부가 살다 보면 다 거기서 거기가 아닐까? 그저 이 방 저 방 해도 내 서방
이 최고, 이 집 저 집 해도 내 계집이 최고라고 한다. 옆에 있는 나의 배우자
가 최고려니 하는 생각으로 사는 것이 마음 편하다.

어쩌다가

찜질방에서 남자들이 며칠씩 있으니, 어쩌다가 며칠씩 나와 있냐는 주인의 물음에 각각 40대, 50대, 60대, 70대, 80대의 남편들이 자신의 사연을 털어놓았다.

40대 남편: 아내에게 해장국 끓여 달라고 했다가 쫓겨 나왔죠.

50대 남편: 아내에게 어디에 있냐고, 언제 들어오느냐고 전화했다가 쫓겨 나왔죠.

60대 남편: 아내가 나가는 데 같이 가겠다고 해서 쫓겨 나왔죠.

70대 남편: 눈앞에서 얼쩡거린다고 쫓겨났지요.

80대 남편: 아침에 일어나 눈 떴다고 이렇게 됐지요.

부부가 살면서 상대가 불쌍해지면 절대로 못 헤어진다고 한다. 효자보다는 악처가 낫다고 하니, 유머처럼 안 되려면 아내에게 평소 잘하시기를.

건망증

20대 아가씨는 택시를 타서부터 내릴 때까지 핸드폰으로 문자하거나 전화하기에 바쁘고 아줌마들은 타서부터 내릴 때까지 핸드폰 찾느라 뒤적거린다.

무지막지한 엄마의 건망증

은행에 간 엄마. 오늘은 거의 완벽하다. 통장과 도장도 가지고 왔고, 공과금 고지서도 가지고 왔다. 이젠 누나에게 송금만 하면 오랜만에 정말 아무 일 없이(?) 은행에서 볼일을 마치게 된다.

은행원 앞에서 자랑스러운 얼굴로 서 있는 엄마. 은행원도 놀라는 듯한 얼굴이었다.

"송금하시게요? 잘 쓰셨네요. 아! 전화번호를 안 쓰셨네요. 집 전화번호를 쓰셔야죠."

엄마는 그날 결국 송금을 못하고 말았다.

간만에 동창회에 나서는 엄마. 화려하게 차려입느라 난리다. 저번에 동창생들의 휘황찬란한 옷차림에 기가 죽은 기억 때문에 엄마는 반지 하나에도 신경을 쓴다. 반지 하나 고르는 데 2시간 걸렸다. 엄마 반지는 딱 2개뿐인데….

모든 걸 완벽하게 치장한 엄마. 이번엔 정말 엄마가 스포트라이트를 받는다. 모든 동창들의 시샘의 눈길에 뿌듯해하는 엄마. 엄마는 우아하게 인사를 한다.

"얘드아!(얘들아) 오데간마니다(오래간만이다)."

다른 치장에 너무나 신경을 쓴 나머지, 엄마는 틀니를 깜빡 잊었다. 그 후로 엄마는 동창들과 연락을 끊고 산다.

세월이 가다 보니 건망증이 나뿐만이 아니다. 리모컨 찾느라, 핸드폰 가방에 넣고 찾느라 늘 부산하다. 나만 그러는 것이 아니구나!

외모 때문에

영국의 작가 체스터튼은 대단한 뚱보였다. 그래서 어떤 친구가 그를 놀려 주었다.

"이 사람아, 자네는 다른 사람보다 세 배는 더 먹나 보군. 그러니 식량에 손해를 끼치는 게 아니겠나?"

체스터튼은 그 말을 듣자 고개를 끄덕였다.

"물론, 내가 다른 사람보다 세 배나 더 먹는 건 사실이네. 그 대신 친절도 세 배로 더 베풀고 있지."

"어떻게?"

"내가 버스에서 양보를 하면 세 명의 부인이 앉을 수 있으니까."

자신의 단점을 오히려 유머를 통해 당당하게 말함으로써 상대에게도 친구를 놀려 준 자신을 반성하게 한다. 유머의 매력은 바로 이런 데 있다.

더 좋은 방법

취직이 안 돼 몇 달을 놀던 정일이가 겨우 개인 회사에 취직했다.

사장은 정일이를 따뜻하게 맞아 주면서 말했다.

"이보게, 보다시피 여직원도 없고 자네와 나 둘이니 열심히 해 보세. 참, 우선 사무실 안을 구석구석 청소부터 하지."

청년은 입을 씰룩거리며 투덜댔다.

"전 대학 출신이라고요."

사장은 매우 미안하다는 표정을 짓더니 이렇게 말했다.

"아, 미안 미안! 내가 그걸 깜빡했군. 빗자루를 이리 주게. 내가 비질하는 방법을 가르쳐 줄 테니."

능력은 안 되는데 그 이상을 원하는 것보다는, 나를 업그레이드시켜 상대가 나를 선택하게 해야 한다.

내 나이가 어때서

    요즘은 모두들 젊게 살아서인지 나이를 전혀 가늠할 수 없는 경우가 있다. 현재 본인의 나이에 곱하기 0.7을 하면 현재의 나이라고 하는데 가령 60이라면 42세인 셈. 사람은 나이가 들어 늙어 가는 것이 아니라 의지의 탄력을 잃어 가기에 늙는 것이라고 한다. 젊고 예뻤을 때를 되돌아보면서 추억에 빠져 보는 것도 좋은 듯싶다. 지금의 내 나이를 누군가는 또 부러워하고 있을 테니까….

아가씨 – 대부분은 결혼을 꿈꾸고
아줌마 – 대부분은 이혼을 꿈꾼다.
아가씨 – 옷을 입을 때 어떻게 하면 살이 더 많이 보일까 고민하고
아줌마 – 어떻게 하면 살을 더 감출까 고민한다.
아가씨 – 사랑을 받고 싶어 사랑을 찾고
아줌마 – 사랑을 하고 싶어서 사랑을 찾는다.
아가씨 – 마음이 괴로우면 밤을 하얗게 새지만
아줌마 – 마음이 괴로우면 그냥 잔다.
아가씨 – 거리를 걸을 때 쇼윈도에 비친 자신의 모습을 바라보고

아줌마 - 다른 예쁜 여자들을 쳐다본다.

아가씨 - 힘들수록 소심해지지만

아줌마 - 힘들수록 강해진다.

아가씨 - 아줌마들을 여자로 생각하지 않지만

아줌마 - 아가씨들을 분명 여자로 생각한다.

아가씨 - 술 취하면 울지만

아줌마 - 술 취하면 막춤까지 동원해 춤을 춘다.

아가씨 - 배 속의 허기로 밥을 먹지만

아줌마 - 가슴속의 허기로 밥을 먹는다.

아가씨 - 눈물로 울고

아줌마 - 가슴으로 운다.

아가씨 - 사람이 싫으면 타인을 버리지만

아줌마 - 사람이 싫으면 자신을 버린다.

아가씨 - 날씨 흐린 날에는 분위기 있는 카페에서 누군가를 만날 약속을 만들지만

아줌마 - 흐린 날에는 소주 생각만 간절하다.

꿈 많던 소녀 시절, 멋 부리며 직장 다닐 때 아줌마가 될 거라는 생각은 하지 못했었다. 세월이야말로 스승이 아니던가?

오해

어느 미용실에서 한 남자 손님이 머리카락을 깎고 있었다. 여자 미용사가 거울을 보니 남자가 눈을 게슴츠레하게 뜨고 허리춤에서 한쪽 손을 열심히 위아래로 흔드는 것이 아닌가?

'혹시 변태 아니야?'

하는 생각이 들었지만 계속해서 머리카락을 깎았다.

조금 지나니 이제는 두 손을 다 집어넣고 열심히 흔드는 것이었다. 놀란 여자 미용사는 옆에 있던 드라이어로 남자의 머리를 내리치며 소리쳤다.

"변태야!"

남자는 쓰러졌고, 여자 미용사는 도망쳐 경찰을 데리고 왔다. 경찰은 쓰러져 있는 남자를 깨워서 물었다.

"당신, 대체 무슨 짓을 한 거야?"

남자는 황당한 표정을 지으며 말했다.

"안경을 닦고 있는데 갑자기 뭔가 번쩍했습니다."

사람은 살면서 많은 오해를 경험한다. 그럴 때면 굳이 해명하려 하지 말고 기다려라. 시간이 해결해 줄 것이다.

흥정

이태원에서 어느 아가씨가 물건을 흥정하고 있었다.

"사장님, 저 인천에서 왔는데 차비만 좀 깎아 주세요. 네?"

"아가씨, 여긴 일본에서 오는 손님도 있다우."

상대가 이렇게 말했을 때 더 이상 값을 깎기란 어렵다. 그럴 때는 주인의 기분을 좋게 하는 방법이 최고다.

"사장님, 5천 원 깎아 주실래요? 3천 원 깎아 주실래요?"

둘 중 하나는 선택하는 게 대부분.

내가 아는 어느 분은 남자들을 보면 항상 "결혼하셨어요?" 하고 물으신다. 내가 보기엔 두 번도 한 것 같던데. 그 말에 많은 분들이 기분 좋아하시는 것을 보았다. 대부분 여자들이 "제가 몇 살같이 보여요?" 할 때는 대부분 젊게 봐주기를 원하는 심리가 있다. 내 눈에 40으로 보여도 "35살?" 하면 기분 좋아할 텐데 "50살?" 하면 기분이 엄청 나쁠 것이다. 돈 안 드는 말, 이왕이면 상대방 기분 좋은 말을 해 주자.

의심병

남편1 : 우리 집사람은 내가 집에 들어가면 와이셔츠에 립스틱 자국 없나 뒤적거린다네.

남편2 : 그 정도라면 난 걱정이 없을 것 같네.

남편1 : 아니, 왜?

남편2 : 혹시 옷에 여자 머리카락이라도 붙어 있지 않나 옷을 몽땅 검사한다니까.

남편1 : 그래서 들킨 적이라도 있는가?

남편2 : 행여 머리카락이 안 나오면 대머리의 여자와 놀아난다고 난릴세.

부부가 서로 믿지 못하면 사는 것이 지옥일 거라 생각한다. 나는 이 정도는 아니라서 다행이라는 생각이 들게 하는 것이 이 유머의 장점!

시어머니

거지에게 음식을 내주는 이유

시어머니: 에미는 거지가 찾아오면 언제나 먹을 것을 내주는데 어째서 그러는 거지? 음식 아까운지도 모르고. 쯧쯧.

며느리: 음식 솜씨에 대해서 어머님은 늘 면박을 주시는데 거지는 아무 군말 없이 먹어 주니 기분이 좋아지거든요.

손자를 안 보고 편히 지낼 수 있는 방법

첫째, 손자에게 사투리를 가르치면 절대로 안 맡긴다.

둘째, 아이에게 밥을 먹일 때 씹다가 먹인다.

셋째, 아이에게 화투를 가르친다.

넷째, 아이가 밥 먹다 흘리거나 코를 흘리면 걸레질하다가 걸레로 싹싹 닦아 준다.

다섯째, '얘야, 애 영어 학원 보내지 마라. 내가 가르칠게.'라고 말하면 절대 안 맡긴다. 발음 나빠진다고….

⟩ 아가씨 시절의 내가 걸어온 길이고, 시어머니가 될 내가 가야 할 길이다. 나

에게도 아들이 있으니 어떤 시어머니가 될지도 모른다고 생각하면, 시어머니에 대한 애틋한 마음이 든다.

얄미운 대답

급여

상사: 이보게 김 대리. 한마디 하겠는데 어디 나가서 절대로 급여 얘긴 하지 말게. 일도 못하니 올려 줄 수도 없는 것 아닌가?

부하: 급여에 대해선 절대 걱정 안 하셔도 됩니다. 저 역시 창피해서 어디 그걸 남에게 밝히겠어요?

모집 공고

사장: 오늘부터 일할 사람인가? 알고 보니 자네는 일도 못하고 직장도 수도 없이 옮겨 다녔다고 하던데? 5년간의 경험 있다는 것도 가짜고. 어디 말해 보게.

직원: 모집 광고에 머리가 잘 돌아가는 사람 구한다고 하지 않으셨나요?

여기에서 유머 포인트는 급여를 올려 주지 못하면서 남들에게 알려질까 걱정하는 상사에게 그런 창피한 일을 어찌 내가 말하겠냐며 걱정 말라는 데 있다. 두 번째 유머에서는 자칫 채용되지도 못할 상황에서 머리가 잘 돌아가는 사람으로 자신이 적격자라는 당당함에 있다.

음주 후 처신

당신 생각

남편: 여보, 나 오늘 술 마시고 들어오면서 당신 생각뿐이었어요.

아내: 무슨 생각을 해요?

남편: 당신이 잔소리를 안 하면 어떻게 하나 하고. 내 건강 생각해서 그러는 거 다 아는데. 고마워요, 여보!

몸값

어느 남편이 밤새 친구와 술을 먹다 새벽에야 집에다 전화를 걸었다.

"여보, 나 도망쳐 나오는 길이야. 그러니 내 몸값은 지불하지 않아도 될 거요."

문 연 곳

아내가 밤새 술을 마시고 아침에 들어온 남편에게 따져 물었다.

"아니, 당신 아예 들어오지도 말지 뭐 하러 들어왔어요?"

남편이 멋쩍게 웃으며 하는 말.

"아침 일찍 문을 연 곳이 이곳밖에 없어서."

이렇게 말했을 때 아내가 어이없어 하며 넘어가 주지 않을지? 아니면 차라리 솔직하게 "미안해, 여보! 좀 더 일찍 들어오고 싶었는데 당신이 잠을 조금이라고도 잘 수 있게 하기 위해 날이 새기를 기다렸어!"라고 한다면 아내가 어떤 반응을 보일까? 유머는 위기의 상황에서 현명하게 대처할 수 있게 해 주는 매력이 있다. 구차하게 핑계를 대거나 변명하기보다는 이렇게 유머러스하게 말한다면 혹시 애교로 받아 줄지 누가 알겠는가!

아빠 편은 엄마

엄마: 아들아, 아빠 없는 저 아이에게 네 축구공 하나 주렴.

아들: 그보다도 아빠를 줘 버리면 안 돼? 돈도 못 벌잖아.

엄마: 아들아 만약 아빠가 너 공부 못한다고 아들 없어 외로운 부부에게 주면 좋겠니? 이 세상에서 너를 가장 사랑하는 사람은 엄마와 아빠란다.

자라면서 부모에게 불만이 생길 때 '부모가 나에게 과분한가? 아니면 내가 부모에게 과분한가?'를 생각해 보자. 돈이 아무리 없다고 해도 자식이 원하는 걸 사 주고 싶지 않은 부모는 없을 것이다. 그것이 바로 부모의 마음이다. 세월이 스승이라고 부모가 되어 보니 부모의 마음을 충분히 헤아릴 수 있을 것 같다. 떼쓰고 부모에게 왜 그러셨냐고 따지고 대들던 것들이 후회스럽다. 지금은 그럴 부모님도 안 계시지만.

핑계

엄마: 아들아, 오늘따라 왜 이렇게 늦게 집에 도착했니?

아들: 길에 오는데 만 원짜리 한 장이 떨어져 있었어요.

엄마: 그걸 주인 찾아 주느라고?

아들: 아뇨, 제가 그걸 꽉 밟고 있었거든요.

핑계를 대도 상대의 기분을 나쁘게 하지 않는 것이 중요한데, 애교 있게 '돈을 밟고 있어서'라고 한 것이 유머 포인트다.

청혼

마음으로 가는 길

남자: 오늘 이 자리에 오기 전에 한참을 헤매고 다녔답니다.

여자: 그래요? 여긴 지하철역에서 찾기 쉬운데.

남자: 미영 씨의 마음으로 가는 길을 몰라서요.

여자: 어머나?

남자: 저와 결혼해 주신다면 마음으로 가는 길을 찾아 행복을 같이하고 싶습니다. 저에게 그 길을 열어 주시겠습니까? 사랑합니다!

자식이 문제

버나드 쇼는 미국의 어여쁜 발레리나인 이사도라 던컨에게 구혼하는 편지를 받았다.

"선생님, 저의 아리따운 몸매와 선생님의 두뇌를 물려받은 아기가 태어난다면 얼마나 훌륭할까요?"

그러자 버나드 쇼가 다음과 같이 거절했다.

"그와는 반대로, 나의 몸매와 당신의 머리를 닮은 아이가 태어난다면 얼마나 불행할 것인지 생각해 보시오."

누군가에게는 일생에 한 번뿐일 청혼. 그 청혼을 좀 더 기억에 남도록 유머러스하게 건네 보는 건 어떨까?

성적

아빠가 아들의 50점짜리 성적표를 받아 들고 말했다.

"아들아, 너 다음부터 50점 받으면 네 아빠 안 할 거다.

그로부터 며칠이 지나고 다시 시험 성적이 나왔다.

아들이 퇴근해 들어오는 아빠를 보며 하는 말.

"아저씨, 다녀오셨어요?"

아이들에게 성적도 중요하지만 타고난 저마다의 소질을 계발시켜 주는 것
또한 매우 중요하다. 언젠가 학생들이 "왜 어른들은 자신들은 공부도 안 했
으면서 공부하라고 하는 거냐?"고 물었다. "그것은 막상 어른이 되어 세상
을 살아 보니 공부를 안 하는 것보다 공부를 하는 것이 세상을 살기에 더 편
하다는 것을 느끼셔서 그런 것은 아닐까?"라고 대답해 주었다. 학생이 끄덕
이는 것을 보니 내 말을 이해한 듯싶었다. 자식이 옳은 길을 가는 것을 마다
하는 부모가 어디 있을까?

부부 싸움

의사: 남편께서는 휴식을 장기간 취하셔야 할 것 같습니다.

아내: 남편은 절대로 떠날 수가 없는데요.

의사: 그럼, 부인이 장기간 집을 비워 주시죠.

아마도 이 유머를 들으면 부부가 잠시 떨어져 보는 것도 방법일지도 모른다는 생각을 할 것이다. 또는 옆집에서 싸우는 소리를 뒷집에서 싸우는 것으로 착각한 듯 넌지시 "뒷집이 너무나 싸워서 잠을 잘 수가 없어요. 그 댁에도 들리나요?" 하고 능청스럽게 묻는 것은 어떨까?

맞선

남자: 제 친구는 돈도 많고 유머 감각도 있고 운동이면 뭐든 잘한답니다.

여자: 그 친구가 누군데요?

남자: 궁금하시죠? 하하하, 바로 접니다.

상대방을 처음 만나는 자리, 그 어색함을 풀기에 좋은 건 유머만 한 것이 없다. 유머로 어색함을 풀고 친근감을 유도하면, 어느새 한 번 만난 인연이 연인이 될지도 모른다.

출산

일생일대의 작품

꼬박 이틀간 출산의 고통을 견디다 드디어 아들을 낳았다. 남편은 아내의 머리를 쓰다듬어 주며 말했다.

"여보, 당신과 나의 일생일대의 작품이 나왔소. 당신의 얼굴과 나의 머리를 완벽하게 닮은 아이. 난 오늘부터 두 여자를 위해 머슴이 되어 살기로 했다오. 얼른 회복되어 위대한 작품을 보러 갑시다."

세쌍둥이

친구1 : 축하해 주게. 아내가 임신 중 내내 『삼총사』를 읽더니 세쌍둥이를 낳았다네.

친구2 : 그래? 얼른 집에 가서 책을 감추어야겠어.

친구1 : 아니, 왜?

친구2 : 임신 중인 아내가 『백설공주』 책으로 영어 공부를 하고 있거든. 거기에 일곱 난쟁이가 나오잖아?

출산은 아내와 남편 모두에게 큰 축복이다. 특히 출산을 직접 경험한 아내는 자신의 목숨을 바쳐 아기를 낳은 것이나 다름없다. 그런 아내에게 위트 넘치는 배려 한마디 건네는 건 어떨까?

남과 나의 차이

내로남불

남의 딸이 애인이 많으면 가벼운 행실.

내 딸이 애인이 많으면 인기가 좋음.

남이 학교를 자주 찾는 것은 치맛바람.

내가 학교를 자주 찾는 것은 높은 교육열.

며느리에게는 "시집을 왔으니 이 집 풍속을 따라야 한다."

딸에게는 "시집가더라도 자기 생활을 가져야 한다."

며느리가 친정 부모한테 용돈 주는 것은 남편 몰래 돈을 빼돌리는 것.

딸이 친정 부모한테 용돈 주는 것은 길러 준 데 대한 보답.

며느리는 남편에게 잡혀 살고 딸은 남편을 휘어잡고 살아야 한다.

남의 아들이 웅변대회 나가서 상을 받으면 누구에게나 주는 상을 어쩌다 받은 것.

내 아들이 웅변대회 나가서 상을 받으면 뛰어난 실력 때문.

남이 자식을 관대하게 키우면 문제아 만드는 것.

내가 자식을 관대하게 키우면 기를 살려 주는 것.

남의 자식이 어른한테 대드는 것은 버릇없이 키운 탓.

내 자식이 어른한테 대드는 것은 뚜렷한 자기 주관.

며느리가 부부 싸움을 하면 "여자가 참아야 한다."

딸이 부부 싸움을 하면 "아무리 남편이라도 따질 건 따져야 한다."

남이 내 아이를 나무라는 것은 이성을 잃고 히스테리를 부리는 것.

내가 남의 아이를 꾸짖는 건 어른 된 도리로 타이르는 것.

냄새의 정체

어느 할머니께서 노인대학에 가려고 보니 며느리가 방에 없었다.

이때다 싶어 며느리 방에 들어가 머리에 스프레이를 잔뜩 뿌린 후

버스를 타셨는데 이상스레 사람들이 슬금슬금 피하는 것이 아닌가?

'나한테 무슨 냄새가 나나?'

하고 할머니가 냄새를 맡아 보니 너무나 급한 나머지, 스프레이

를 뿌린다는 것을 모기약을 뿌린 게 아닌가?

'내로남불'이라는 말이 유행처럼 쓰이고 있다. '내가 하면 로맨스, 남이 하면 불륜'이라는 뜻이다. 상대방의 입장에서 한 번 더 생각한다면, 우리 세상은 배려와 재미가 넘치는 세상이 되지 않을까?

복수

남편은 신경 쓰는 일이 있어 잠이 오지 않았다. 새벽 3시인데 일어나 서성거리는 남편을 보고 아내가 물었다.

"당신, 뭐 땜에 잠을 못 자는 거예요?"

그러자 남편이 말했다.

"여보… 사실 내가 옆집 영만이한테서 돈을 1,000만 원 꿨거든. 그런데 그걸 갚는 날이 바로 내일이라서…. 근데 내가 돈이 있어야 말이지!"

남편의 이 말에 여자는 새벽 그 시각에 벌떡 일어나더니 남편의 친구에게 전화를 거는 것이었다.

"영만 씨~ 영만 씨!"

"무슨 일이오? 이 밤중에….."

여자가 소리치며 말했다.

"우리 남편이 당신한테 갚을 돈 1,000만 원 있다면서요? 근데요, 이 사람 돈이 없대요. 그래서 못 갚아요. 잘 알았죠?"

이렇게 너무나 당당하게 말한 여자는 전화를 탁 끊고는 남편에게 다음과 같이 말했다.

"이젠 자요. 지금까지는 당신이 못 잤지만, 지금부터는 영만 씨가 못 잘 거예요."

> 남편이 고민으로 잠 못 이룰 때 해결해 주는 건 역시 아내뿐. 그러니 '아내 말 잘 들으면 자다가도 떡이 생긴다'는 그 말을 기억하기를.

작업 멘트

종합병원전문의: 날 만날 때 예약을 하지 않아도 되는 유일한 여자가 너였으면 좋겠어.

형사: 내 심장을 훔쳐간 죄로 당신을 체포합니다. 당신은 묵비권을 행사할 권리도, 변호사를 선임할 권리도 없어요. 물음에 대해 '예'로만 대답해야 해요. 잘 알았지요?

탐험가: 나는 지금까지 나침반과 지도를 의지해서 내가 알지 못하는 곳을 정복해 왔어. 이제부턴 널 의지해서 내가 알지 못하는 사랑을 정복할래.

사진사: 절 봐요. 웃어요. 좋아요. 다시 한 번만 더. 방금 그 표정으로 내 청혼을 받아 주었으면 해요.

판사: 내가 왜 판사가 되었는지 아세요? 내가 왜 그 힘들다는 사법고시를 악착같이 공부해서 패스하고, 그 뒤끝 많은 생활을 거쳐서 이 자리에 섰는지, 그걸 아세요? 오로지 당신 앞에 섰을 때 당당해지기 위하여. 당신을 지켜주기 위해서…. 나랑 결혼해 줘요. 대답은 지금 안 해도 돼요. 4주 후에 해 줘요.

홈쇼핑 호스트: 자, 시간 얼마 남지 않았거든요? 여기저기서 계

속 연락 오고 있어요. 나랑 결혼하려거든 지금 당장 말해 주세요.

성우: 나는 여러 사람의 목소리를 낼 수 있지만, 당신에게는 내 목소리로 말하겠습니다. 저와 결혼해 주십시오.

텔레마케터(전화로): 올해가 가기 전에 결혼식 올리시라고 전화 드렸어요. 결혼 시 신랑은 무료로 제공해 드리고 있습니다.

사업가: 내 사랑에 투자해. 네가 1을 투자하면 나는 3년 안에 100을 너에게 줄 수 있어.

공무원: 안정적인 결혼 생활을 원한다면 나와 결혼해 줘요.

다단계 판매사원: 나랑 결혼해. 그리고 우리 결혼을 주변 사람들에게 알려서 그 사람들도 결혼할 기회를 만들어 주자.

성형외과의사: 나랑 결혼하면 좋은 게 뭔지 알아요? 당신은 평생 날마다 아름다워질 수 있다는 거예요!

간호사: 당신이 아침에 일어나 눈을 떴을 때 제일 먼저 찾게 되는 사람이 나였으면 좋겠어요.

모델: 당신이 내가 본 남자 중 나와 눈높이가 맞는 유일한 남자군요.

대형트럭 운전기사: 내가 매일 몰고 다니는 저 차 뒤에 잔뜩 실린 것이 당신의 사랑이었으면 좋겠습니다.

우남이: 우리가 이제 남이가. 우리 집으로 갑시다.

데이트 신청을 다른 사람과 좀 더 차별화되고 색다르게 한다면, 받는 입장에서도 좀 더 긍정적인 대답이 나오지 않을까?

여자의 나이

여자가 화장을 할 때

20대가 화장을 하면? 화장

30대가 화장을 하면? 분장

40대가 화장을 하면? 변장

50대가 화장을 하면? 위장

60대가 화장을 하면? 포장

70대가 화장을 하면? 환장

80대가 화장을 하면? 끝장

나는 여자가 위장이건 포장을 하건 자신을 가꾸는 것은 자신에 대한 사랑의 한 부분이라 생각하여 좋게 본다. 또한 내 얼굴을 나보다 남이 보는 시간이 더 많기에 예의상으로라도 꾸며야 한다고 본다. 나는 화장을 진하게 하진 않지만 가능한 꼭 하려고 노력한다. 내가 여자임을 포기하지 않는 한 나의 위장은 계속될 것이다.

자식

자식 믿지 마

아들은 사춘기가 되면 남남이 되고 군대에 가면 손님이 되고, 장가를 가면 사돈이 된다.

아들을 낳으면 1촌, 대학 가면 4촌, 군대 다녀오면 8촌, 장가가면 사돈의 8촌, 애를 낳으면 동포, 이민 가면 해외동포.

딸 둘에 아들 하나 금메달, 딸만 둘이면 은메달, 딸 하나 아들 하나 동메달, 아들 둘이면 목메달!

자녀를 모두 출가시키고 나면

아들은 큰 도둑.

며느리는 좀도둑.

딸은 예쁜 도둑.

사위는 강도.

사랑의 종류

남편과의 사랑은 운명적인 사랑.

아들과의 사랑은 희미한 옛사랑의 그림자.

손자와의 사랑은 짝사랑.

며느리와의 사랑은 가까이할 수 없는 사랑.

딸과의 사랑은 영원한 사랑.

남편 덩어리

남편을 집에 두면 근심 덩어리, 데리고 나가면 짐 덩어리, 마주 앉으면 웬수 덩어리, 혼자 내 보내면 사고 덩어리, 며느리에게 맡기면 구박 덩어리.

내 아들

잘난 아들은 국가의 아들이고

돈 잘 버는 아들은 사돈의 아들이고

빚진 아들은 내 아들이다.

미친 여자

며느리를 딸로 착각하는 여자.

사위를 아들로 착각하는 여자.

며느리 남편을 아직도 아들로 여기는 여자.

아들에게

재산을 안 주면 맞아 죽고

반만 주면 쫄려 죽고

다 주면 굶어 죽는다.

'품 안에 있어야 내 자식'이라는 속담이 있다. 옛말 하나 그른 것 없다더니, 이 유머에 웃을 수 있는 것은 모두가 공감하기 때문일 것이다.

기도

기도

"하나님! 제발 저에게 1억 원 복권에 당첨되게 해 주세요. 그렇게 해 주신다면 절반을 교회에 바치겠습니다. 제발!"

그런데 5천만 원짜리가 당첨이 된 것이다.

남자는 환하게 웃으며 기도를 드렸다.

"하나님, 정말 대단하십니다. 먼저 몫을 떼고 주시다니… 하하."

천국

부흥회를 인도하시는 목사님이 설교 시간에 천국은 좋은 곳이라고 자세히 설명했다. 그런데 젊은 성도가 예배 후 목사님께 질문했다.

"목사님은 한 번도 천국에 가 본 적도 없으시면서 어떻게 천국이 좋은 줄 알 수 있어요?"

"그건 아주 쉽게 알 수 있지요."

"어떻게요?"

"지금까지 천국이 싫다고 되돌아온 사람이 하나도 없었거든요."

깊은 뜻

하나님과 아담이 에덴동산을 거닐며 대화를 나누었다.

"하나님, 하와는 정말 예뻐요. 그런데 왜 그렇게 예쁘게 만드셨어요?"

"그래야 네가 늘 그 애만 바라볼 게 아니냐?"

그러자 아담이 다시 하나님께 물었다.

"하와의 피부는 정말 부드러워요. 왜 그렇게 만드셨어요?"

"그래야 네가 늘 그 애를 쓰다듬을 것 아니냐?"

"그런데 하나님, 하와는 약간 멍청한 것 같아요. 왜 그렇게 만드신 거죠?"

"바보야, 그래야 그 애가 널 좋아할 것 아니냐?"

하나님의 의도

"하나님은 대체 왜 남자를 만들고 여자를 그 후에 만들었을까요?"

"그거야 당연하지. 만약 여자를 만들고 남자를 만들면 만드는 옆에서 여긴 길게, 여긴 크게… 얼마나 요구 조건이 많았겠느냐?"

오늘만이라도

하나님이 너무나 외로워 보이는 아담을 위해 여자를 만들려다가 잠시 손길을 멈추고 잠든 아담을 보며 말했다.

"쯧쯧, 푹 자거라. 아마도 오늘이 네가 푹 잘 수 있는 마지막 날이 될 것이다."

절대로

목사님에게 어느 집사님이 물었다.

"목사님! 도대체 아담과 하와는 왜 선악과를 따 먹어서 우릴 이렇게 괴롭게 만드는 거죠?"

이에 목사님이 말했다.

"집사님! 내일 12시에 저희 집에서 점심 초대가 있는데 와 주시겠습니까?"

집사님이 12시에 갔더니 음식마다 다 뚜껑이 덮여 있었다. 그러자 목사님이 집사님에게 신신당부했다.

"다른 분들 모시고 올 테니 절대 뚜껑을 열면 안 됩니다."

사람은 하지 말라면 더 하고 싶은지라 뚜껑을 살짝 열어 보니 안에서 비둘기가 나와 날아다니는 것이다. 비둘기를 잡으려고 이리저리 다니는데 목사님이 들어오더니 하는 말.

"아담과 하와도 바로 이렇게 한 겁니다."

비밀 요원

어느 주일날 예배를 마친 목사님이 젊은이를 보며 말했다.

"형제님, 하나님의 군사가 되어야 합니다."

그러자 젊은이가 대답했다.

"목사님, 저는 이미 하나님의 군사입니다."

"그래요? 그런데 왜 부활절과 성탄절에만 교회에 모습을 보이시지요?"

"저는 특수부대 비밀 요원이거든요."

목사님도 유머감각이 있어야 주일 설교가 재미있고 귀에 쏙쏙 들어온다. 설교 시간에 어느 연세 드신 분이 하도 조니까 목사님이 애써 웃으시며 "오늘따라 왜 이리 더 조시는 거죠?" 하고 물으시니, "목사님이 졸게 하셨는데…." 하는 할머님 말씀에 여기저기서 웃음이 터져 나왔다.

나이 차이

나이에 따른 사랑의 불은 어떨까?

10대: 성냥불

– 불티가 어디로 튈지 모름

20대: 가스 라이터불

– 누르는 대로 불꽃이 나옴

30대: 장작불

– 최강의 화력을 자랑함

40대: 연탄불

– 서서히 달구어지지만 소리 없이 강한 화력을 보유함

50대: 휴대용 가스불

– 무분별하게 사용하면 쉬이 가스가 소멸됨

60대: 모닥불

– 얼핏 꺼진 것 같지만, 재 속을 쑤석거리다 보면 불씨가 아직도 남아 있음

70대: 정월 대보름날의 쥐불

– 일 년에 한 번 정열적인 세리머니를 펼침

80대: 올림픽 성화불

– 4년에 한 번 화려한 세리머니를 펼침

90대: 도깨비불

– 있다는 학설은 있으나, 아직 정확히 확인된 바는 없음

부부가 나이가 들면서 어찌 불타는 사랑만으로 살 수 있겠는가? 서로 상대를 안쓰럽게 보는 마음, 그 정(情)으로도 함께할 수 있는 것이 부부다.

문자 오타

관심이 있어 작업 중이던 여자에게

"너 심심해?"라고 보내려던 문자.

"너 싱싱해?"

한 방에 차였다.

남자 친구와 헤어지고

펑펑 울고 있는데 헤어진 남자친구에게 온 문자.

"좋은 감자 만나."

차인 남자에게

마지막으로 "나 오늘 또 울었다."라고 보내려던 문자.

"나 오늘 똥루었다."

할머니가 쓰러지셨을 때

"할머니 중풍으로 쓰러지셨어."라고 보내려던 문자.

"할머니 장풍으로 쓰러지셨어."

학원 끝나고

"엄마 데리러 와."라고 보내려던 문자.

"임마 데리러 와."

학교 수업 시간에 아버지께 온 문자

"민아야, 아빠가 너 엄창 사랑하는 거 알지?"

봉사 활동에 가던 도중 어머니께 온 문자

"어디쯤 기고 있니?"

'즐'의 뜻

인터넷 용어 '즐'이 무슨 뜻인지 물어보시는 어머니께 '즐겁다'는 뜻이라고 가르쳐 드리자 학교 수업 시간에 온 어머니의 문자.

"우리 아들 공부 즐."

올 때 전화하라고 말씀하시려던 어머니의 문자.

"올 때 진화하고 와."

어머니께서 보내신 무엇보다 무서운 문자

"아빠 술 마셨다. 너의 성적표 발견. 창문으로 오라."

문자 요금

문자 내용이 많을수록 요금이 많이 나가는 줄 아신 어머니께서 딸이 밤이 늦도록 들어오지 않자 딸에게 보낸 문자.

"오라."

신발 사이즈를 묻는 어머니의 문자

"너 시발 사이즈 몇이야."

휴대폰을 처음 사신 아버지께서 보내신 문자

"아바닥사간다"

아버지는 통닭을 사 오셨다.

특수문자를 쓸 줄 모르시는 어머니께서 보내신 문자

"너 지금 어디야 물음표"

때로는 부모의 오타가 우리를 웃게 만든다. 카톡이나 문자, 편지 등을 통해 서로에 대한 마음을 표현하고 의사소통하는 것은 이처럼 즐거운 일이다.

술꾼

"여보, 차 도둑이에요! 우리 차를 훔치려 해요. 빨리 잡아요. 빨리!"

술에 취한 남편은 소리쳤다.

"야! 도둑놈아 게 섰거라. (너라면 서겠냐?)"

그러나 도둑은 시동을 걸고 출발해 버렸다. 술꾼은 쫓아가다 말고 다시 돌아왔다. 부인이 물었다.

"아니, 왜 그냥 와요? 골목이라 쫓아가면 잡을 텐데."

술꾼은 말했다.

"괜찮아. 번호판을 봐 뒀어."

사람의 판단을 흐리게 하는 것은 과도한 술이다. 적당히 마시면 좋을 텐데 과하게 마셔서 음주사고 등 씻을 수 없는 과오를 저지르게 된다. 술은 적당히 남에게 피해가 가지 않게 마시기를.

연애의 변천

여자는 세 번 변한다.

에로영화를 보러 갔다. 숨 막히도록 진한 장면이 나오자, 그녀는 내 허벅지를 꼬집으며 말했다.

연애 초반: "창피해!"

연애 중반: "죽인다!"

연애 후반: "잘 봐 둬!"

생일선물로 화장품을 사 줬다. 그런데 그녀의 피부에 안 맞는 화장품인 것 같다. 그녀는 내 귀를 끌어대며 말했다.

연애 초반: "잘 쓸게!"

연애 중반: "현금 줘!"

연애 후반: "바꿔 와!"

찬스가 왔다. 쪼그라드는 가슴을 진정시키며 그녀에게 키스를 퍼부었다. 그런데 갑자기 그녀가 입술을 떼며 내게 말했다.

연애 초반: "살짝 해!"

연애 중반: "더 깊게!"

연애 후반: "장난쳐?"

그녀와 단둘이 있고 싶다. 그래서 부모님께 뻥치고 1박 2일 여행이나 가자고 꼬드겼다.

연애 초반: "미쳤니?"

연애 중반: "책임져!"

연애 후반: "날 잡아 먹어 줘!"

그녀가 정말로 나를 사랑하는지 의심이 간다. 목청을 깔고 그녀에게 물었다.

"날 사랑하니?"

그랬더니 그녀는 말했다.

연애 초반: "난 네 거!"

연애 중반: "죽여 줘!"

연애 후반: "찢어 줘?"

야외로 놀러갔다. 그녀가 급한 볼일을 보려는데 화장실이 없다. 그녀가 주위를 휙 둘러보더니 내게 말했다.

연애 초반: "멀리 가!"

연애 중반: "보지 마!"

연애 후반: "망봐라!"

그녀의 몸과 마음이 찌뿌둥해 보인다. 그녀의 기분 전환을 위해 어디가고 싶으냐고 물었더니,

연애 초반: "노래방!"

연애 중반: "비디오방!"

연애 후반: "찜질방!"

연애의 기간이 길어지다 보면, 연애 초반의 설렘은 사라지기 십상이다. 그러나 그것은 사랑이 식어서가 아니라, 편안해졌기 때문이다. 설렘만이 사랑이 아니라 편안함도 사랑임을 안다면, 더 즐거운 연애를 해 나갈 수 있을 것이다.

질투

영희: 아유, 분해! 어쩌면 좋지?

문자: 아니! 왜 그래, 아침부터?

영희: 글쎄, 내 꿈에 남편이 어느 여자와 신나게 바람을 피우잖니?

문자: 그건 꿈인데 뭘 그러니?

영희: 뭐라고? 내 꿈에서도 그러니 지들 꿈에선 얼마나 더 난리 겠냐고.

일어나지도 않을 일을 미리 상상하고 남을 의심하는 것은 자신을 위해서나 남을 위해서도 전혀 도움이 되지 않는다. 주변에 보면 자신의 눈으로 직접 확인하지도 않은 일을 남에게 전하거나 일을 부풀려 문제를 만드는 사람들이 있다. 내 일 아닌 것에 나서서 문제를 만들지 말며 행여 알고 있더라도 내 선에서 끝내라.

첫사랑

시험 시간.

"최초의 남자는?"

잠시 망설이던 영희는 자신 있게 썼다.

"영어선생님."

〉 누군가에게 최초가 된다는 것은 행운이고 행복한 일이다.

PART. 6

재미를 주는
유머의 종류

☺
☺
☺
☺

유머는 힘이고, 긍정이고, 배려다.
유머는 건강과 행복을 주는
이 시대의 선물이다.
삶의 활력을 주는 영양제 같은 유머를
리더는 조직에, 지도자는 국민에게
끊임없이 나누어 주자.

비즈니스 유머 활용을 위한
10가지 노하우

노하우 1. 내 감정을 점검하라

내가 행복해야 남을 웃게 할 수 있다. 내 감정을 점검하자. 내가 가장 행복하게 웃는 사진을 책상에 붙여 놓아 보자. 기분이 처질 때 보면 좋은 기운이 생긴다.

노하우 2. 유머 쪽지나, 문자, 메일을 활용하라

재미있는 유머를 문자나 메일로 나누고 공유해 보자.

노하우 3. 유머 이벤트를 만들라

나의 상호나 기타의 것을 소재 삼아 삼행시를 짓거나, 재미있는 유머, 성대모사 등 장기자랑 등 영업장을 이용하여 한 달에 한 번씩 이벤트를 하여 선물을 주거나 추첨을 통해 발표식으로 진행해 본다.

[예] 천지연(사우나)

- 천: 천하제일의 사우나

  지: 지금 바로 전화 주세요.

연: 연락 주시면 바로 서비스 배달 갑니다.

노하우 4. 영업장 분위기를 바꿔라

작은 인테리어 소품 하나만으로도 분위기가 달라질 수 있다. 한
달에 한 번씩, 혹은 시즌별로 한 번씩이라도 영업장 분위기를 재미
있고 신선하게 바꾸어 보자.

노하우 5. 기타 명목으로 다양한 파티를 자주 열어라

파티라고 해서 무조건 규모를 크게 하거나 돈이 드는 것만 있는
것은 아니다. 요즘은 주변에서 각자의 업장을 홍보하기 위해 1인당
식사비 정도의 저렴한 비용으로 사람들을 모이게 해서 이벤트를 준
비하고 있다.

노하우 6. 특징을 담은 나만의 명함을 만들어라

어느 분은 명함을 내보이는 동시에 자신의 삼행시를 하거나 나
무젓가락을 집어 명함을 두 쪽으로 내는 묘기를 보이기도 한다. 어
느 여성분은 명함 뒷면이 거울로 되어 자신의 얼굴을 볼 때마다 상
대의 이름을 어쩔 수 없이 외우게 하거나, 노안인 분들을 위해 얇은
돋보기에 자신의 이름을 새겨 넣은 경우도 있었다.

노하우 7. 친절을 무기로 삼아라

친절은 여유와 자신감의 표현이다. 친절하지 않으면 유머의 리더

십을 발휘하기 어렵다. 부드럽고 친절하며 정중한 언어를 골라 사용하자.

노하우 8. 말은 단순하고 짧게 하되 고객이 듣고 싶은 말을 하라

사람들이 링컨에게 사람의 다리 길이는 어느 정도가 적당하냐고 물으니 "땅에 닿을 만큼"이라고 했다고 한다. 소설가 마크 트웨인은 "나는 짧은 편지를 쓸 시간이 없어 길게 썼다고 할 정도로 짧게 하는 것은 훈련이 필요한 힘든 일이다. 사설을 줄이고 할 말을 하되 핵심은 잊지 말고 정확히 전달하라."고 말했다.

노하우 9. 눈에 보이는 듯하라

대중에게 파고드는 말은 듣는 사람이 무엇보다도 말을 통해 선명하게 눈앞에 그릴 수 있어야 한다. '손에는 안 녹지만 입에서는 녹아요.', '비가 와도 뭉치지가 않네요.' 등과 같이 눈에 보이는 듯 비유를 통해 말하는 것이 좋다.

노하우 10. 고객들의 웃음을 위한 공간을 활용하라

재미있는 영상이나 그림, 톡톡 웃음이 터지는 유머를 즐기게 한다. 유머러스한 분위기는 고객과의 거리를 단축시킨다.

✌1등의 비결

신참 직원: 선배님! 어떻게 해야 1등을 할 수 있지요?

1등 세일즈맨: 별다른 비결은 없다네. 그냥 남의 집 초인종을 눌러 안에서 아줌마가 나왔을 때 "아가씨 엄마, 집에 계세요?" 하고 물은 것뿐!

✌ 그럴 리가?

사장님이 며칠 결근하고 나온 달수에게 물었다.

"자네는 사람의 부활에 대해 어찌 생각하는가?"

"참, 사장님도. 죽은 사람이 어떻게 살아나요? 생각할 여지도 없죠."

"후후. 며칠간 자네 장인이 돌아가셨다고 결근했지? 지금 그 장인이 부활해서 전화를 거셨구먼."

✌ 높은 곳으로의 근무

말단직원은 한탄했다.

"이럴 수가 있남? 이래 봬도 내가 대졸자인데 허구한 날 복사라니, 내참 이거야."

그렇게 며칠을 보낸 직원은 사장님께 따지러 갔다.

"사장님! 제가 대졸자라고요. 왜 복사만 시키세요? 저를 높은 곳으로 올려 주세요."

"그으래? 자네 아주아주 높은 곳으로 올려 보내 줄까?"

"네, 감사합니다. 야호!"

"그렇게 좋아할 일 아닐 텐데… 흠, 내일부터 4층에서 복사를 하게."

✌ 진급

장모님이 오시기만 하면 사위에게 묻는다.

"자네, 네트워크 사업한다더니 진급했는가? 아닌가? 만년 졸병 사업자라니 쯧쯧…."

사위는 장모 앞에서 언제나 기를 펴지 못한다.

며칠이 지난 후, 다시 장모가 묻는다.

"도대체 자네 밑엔 사람이 몇 명이나 있는가?"

"아! 네, 제 밑엔 1,000명이나 있습니다."

"뭐야? 자네 헤드 사업자가 됐구먼."

"꼭 그런 것보다는 저희 사무실이 15층으로 이사를 했거든요."

✌ 타당한 이유

명수: 사장님, 아무리 생각해 봐도 우리 회사에서는 저 혼자만 톱니바퀴처럼 일하는 것 같아요. 월급을 올려 주셔야 될 것 같네요.

사장님: 진심으로 자네 혼자만 일하는 것 같나?

명수: 당연하죠. 아무리 생각해도 이 회사에서는 저만 톱니바퀴처럼 일하죠.

사장님: 이봐! 톱니바퀴가 혼자 돌아가더냐?

✌ 난 아니거든

여배우: 아니, 진정 당신이 예전에 나랑 연기했던 김C예요? 이렇게 지저분한 식당에서 일을 하다니… 오우, NO!

김C: (의연한 모습으로 음식을 내려놓으며) 그렇지도 않아. 그래도 이렇게 지저분한 식당에서 음식을 먹지는 않거든!

✌ 눈은 작아도

개그맨이자 방송 전문 MC인 김제동 씨가 팬으로부터 질문을 받았다.

"김제동 씨는 눈이 작은 게 콤플렉스죠?"

그 질문에 김제동 씨가 대답했다.

"저는 눈이 작아서 지금까지 한 번도 눈병에 안 걸려 봤기에 내 눈이 좋습니다."

이런 김제동 씨의 대답에 사람들이 웃자, 김제동 씨가 말을 좀 더붙였다.

"저는 눈이 작아서 사람을 볼 때 눈으로 보지 않고 마음으로 봅니다."

✌ 어불성설

온천광고 – 피부병에 특효가 있습니다.

안내– 피부병 환자 출입 금지

✌ 능력

성경책 판매원을 모집하는 광고에 한 남자가 응모하여 면접시험을 보았다.

"저어어는 서서서엉겨엉책 파파파파안매애원이 대대대고오 싶습니다."

면접관은 말을 더듬는 이 사람의 판매 능력을 도저히 믿을 수가 없었고 남자는 결국 떨어졌다. 하지만 타 회사에서는 이 남자의 잠재력을 보고 뽑았다. 그런데 말 더듬는 남자의 판매율은 하늘을 찌를 듯이 올라갔고 회사에서 성경책 판매 1위가 되었다.

회사에서는 말 더듬는 남자의 판매 방법을 사람들에게 강연할 수 있는 기회를 만들어 주었다. 말 더듬는 남자는 성경책 판매 방법 노하우를 사람들에게 말했다.

"이이건 아아주 가가간단합니다. 우우우선 초초인종을 누누르고 사사사라라람이 나오면 이이렇게 마마알하암니다. 서서서성경책을 사사시겠습니까?…. 아니면 제제제가가 드드드들어가서 이이이읽어 드드드드드드릴까요?(이러면 듣기 싫어서 사 주고 얼른 보낸다.)"

인간관계
유머를 위한 6원칙

원칙 1. 손해 본 듯 살아라

인간관계에 있어서는 어떤 관계이든 서로 간 믿음이 기본이 되어야 하고, 만남에 있어서 성실한 태도여야 한다. 인생을 살면서 나에게 미안한 마음을 갖는 사람이 많고 신세를 진 사람이 많으면 많을수록 잘 살아온 것이다. 받기보다는 주기를, 약간 손해 본 듯 살아가는 것이 좋다.

원칙 2. 상대를 진심으로 배려하라

유머의 기본 바탕은 상대방을 배려하는 마음이다. 직설적인 표현보다는 감정을 자제하며 우회적으로 표현함으로써 상대에게 상처를 덜 주게 된다. 무엇보다 중요한 것은 유머를 통해 내가 먼저 웃게 되면 화도 수그러들게 되므로 남을 배려하는 것이 곧 내가 좋게 되는 결과로 이끈다.

원칙 3. 내 편을 찾아라.

즐거운 사람 곁에 사람이 더 모이는 것은 당연한 일이다. 사람이 재산이라는 생각으로 한 사람 한 사람을 소중히 여기고 관계에 있어서 진실과 신뢰를 주어라.

원칙 4. 감정을 관리하라.

유머를 즐기다 보면 감정 다스리기는 기본이 된다. 내키는 대로 표현하지 말고 그럴 수도 있으려니 상대의 입장을 다시 한 번 생각해 보라.

원칙 5. 직설적으로 표현하지 말라.

직설적인 표현보다는 유머를 활용하여 우회적으로 돌려 말해 보자. 오히려 상대가 미안하게 생각할 것이다.

원칙 6. 상대를 무조건 칭찬하라.

예쁘게 보려 하면 예뻐 보이고 밉게 보자고 작정하면 미운 것만 눈에 들어오기 마련이다. 미운 사람 떡 하나 더 주는 심정으로 상대의 장점만 보려 노력하자. 그리고 장점이 보이면 바로 칭찬하라.

✌ 재치 있는 대답

옛날에 한 광대가 있었는데, 어느 날 큰 실수를 저질러 왕의 노여움을 사게 되어 사형에 처해지는 상황에 이르렀다.

왕은 그동안 광대가 자신을 위해 애써 왔던 것을 고려하여 마지막으로 아량을 베풀기로 작정하고는 광대에게 물었다.

"너는 큰 잘못을 저질렀다. 그렇지만 내가 그동안의 네 맘을 생각하여 너에게 선택권을 주려는데, 어떤 방법으로 죽기를 택하겠느냐?" 그러자 광대가 대답했다.

"폐하! 소인은 늙어서 제명대로 죽는 방법을 택하고자 합니다."

✌ 비결

돈이 많은 70대 노인이 새장가를 들게 되었다. 그 노인을 너무나 부러워한 친구가 물었다.

"여보게 친구, 어떻게 20대 여자와 새장가를 들게 되었나?"

"그거야 간단하다네. 내 나이를 90세라고 속였지!"

✌ 크게 놀자

병수가 앵무새 한 마리를 샀다.

"이제 너에게 말하는 법을 가르쳐 주겠다."

앵무새가 말했다.

"그럴 필요 없어. 나는 최신 유머까지 다 알고 있으니까…."

병수는 흡족해하며 회사에 데리고 갔다.

"잘 봐, 이 앵무새는 유머까지 한다!"

병수는 회사 친구들에게 자랑을 했지만 웬일인지 앵무새는 입을 열지 않았다.

"야! 이게 미쳤나? 말 좀 해 봐. 야, 새야! 제발…."

병수는 보기 좋게 망신만 당하고 집에 돌아왔다.

"인마! 너 때문에 망신만 당하고 점심값만 날렸잖아. 책임져!"

참고 있던 앵무새가 드디어 입을 열었다.

"이 자식아, 참을성도 없네! 내일 내기를 다시 해 봐. 크게 한 건 하자고. 내가 크게 먹게 해 줄 테니. 으하하하!"

복수

새벽 4시에 위층의 전화벨 소리에 잠이 깼다.

"당신네 개가 짖는 소리 때문에 한잠도 못 자겠소"

아내는 전화해 줘서 고맙다고 인사한 후 전화를 끊었다.

다음 날 새벽 4시에 아내가 위층 사람에게 전화를 걸었다.

"선생님, 저희 집에는 개가 없습니다."

배우고 싶은 것

집집마다 침입해서 도둑질을 하다 잡혀 온 죄수.

교도소장이 말했다.

"에, 이 안에서는 뭐든지 한 가지씩은 배울 수 있다. 좋은 기회 지. 이론과 더불어 실기도 배우니까 철저하게 배워라. 알겠나?"

그러고는 도둑질을 한 죄수에게 물었다.

"이봐, 자네는 뭘 배우고 싶나?"

"저 말입니까? 저는 방문판매요(집집마다 다니는 건 자신 있음)."

✌ 거 봐! 내 말이 맞지?

경상도 남자 둘이 지하철에서 시끄럽게 떠들고 있었다. 참다못한 정의의 사도 재석이가 말했다.

"좀 조용히 해 주시겠어요?"

그러자, 경상도 남자 중 한 사람이 쩌렁쩌렁한 목소리로 말했다.

"뭐라꼬? 이기 다 니 끼다 이기가?"

그러자, 재석이는 같이 있던 동료에게 돌아서며 말했다.

"거 봐, 내가 뭐랬어? 일본 사람이라고 했잖아."

✌ 돼지고기

어느 날, 한 청년이 선을 봤는데 소개받은 처녀에게 한눈에 반했다. 두근거리는 마음으로 이런저런 얘기를 하다가 저녁 식사로 돈가스 정식을 시켰다. 그때 실내에서는 비발디의 〈사계〉가 흘러나왔다. 청년은 마음을 가다듬고 어색한 분위기도 바꿀 겸 조용히 물었다.

"이 곡이 무슨 곡인지 아시는지요?"

그러자 처녀가 음식을 천천히 음미하면서 대답했다.

"이 고기 무슨 고기냐고요? 돼지고기죠."

✌ 애인과 헤어진 후 열받을 때

1. '패밀리 요금'으로 여자 친구에게 신청해 준 휴대전화의 요금 청구서가 날아왔을 때.

2. 그새 손가락이 부었는지 커플링이 손가락에서 안 빠질 때.

3. 헤어지고 난 다음 날이 밸런타인데이거나 내 생일일 때.

4. 휴대전화기에 붙여 둔 그녀의 스티커 사진이 질기게 안 떨어질 때.

5. 옛날에는 하루도 안 가던 휴대전화 배터리가 3일이 넘었는데도 그대로일 때.

6. 그녀에게 선물 받았던 옷을 버릴까 하다가 아까워서 입고 나갔는데 하필이면 그녀랑 마주칠 때.

7. 그녀에게 선물로 사 줬던 옷의 카드대금이 아직 남았을 때.

8. 아직 못 돌려받은 내 사진을 달라고 했더니 '불 질렀다'고 할 때.

✌ 용감한 아줌마

어느 버스 안에서 갑자기 자리가 나자 우리의 용감한 아줌마, 빈자리 앞에 있던 여학생을 과감히 밀치고 자리를 차지하였다.

"철퍼덕!"

여학생, 어이가 없다는 표정으로 쳐다보니 아줌마 왈,

"이 계집애가 어디서 눈을 동그랗게 뜨고 쳐다봐?"

그러자 여학생 대답이 걸작이었다.

"그럼 아줌마는 눈 네모나게 뜨실 수 있어요?"

✌ 아마추어 사진작가

아마추어 사진작가가 점심 식사 초대를 받아 가게 되었다.

맛있게 밥을 먹으며 분위기도 살릴 겸 자신이 찍은 사진을 보여 주니 주인 왈,

"어머! 카메라가 참 좋은 모양이에요. 사진이 아주 잘 나왔네요."

이에 사진작가는 밥을 먹으며 응수했다.

"냄비가 아주 좋은 모양이에요. 밥이 아주 맛있어요."

✌️ 편지

"귀찮게 하지 마. 아들한테 편지 쓰는 중이야."

"왜 그렇게 천천히 쓰지?"

"그 애는 빨리 읽지 못하거든."

✌️ 초보의 실수

처음으로 스포츠 뉴스 진행을 맡은 초보 아나운서.

첫 생방송이라 너무 긴장한 나머지 몇 번이나 외웠던 문장을 그만 잘못 읽고 말았다.

"오늘 내리기로 한 소나기는 프로야구 관계로 모두 취소되었습니다."

✌️ 광고

보석상 사장이 신문사 광고부에 전화를 걸었다.

"당신네 신문은 확실히 어떤 결과를 가져다주는군요."

신문사 광고부장이 물었다.

"판매가 늘어나시나 보죠?"

"천만에! 지난주에 야경꾼을 구한다는 광고를 냈더니 간밤에 도둑이 들었지 뭡니까?"

✌ 나열식 구성

나른한 오후 어느 정신병원의 독서 시간. 한 구석에서는 몇몇 환자들이 두꺼운 책을 놓고 열띤 토론을 하고 있었다.

환자 1: 이 책은 너무 나열식이야.
환자 2: 게다가 등장인물이 너무 많아서 좀 산만해.
환자 3: 도대체 이렇게 두꺼운 책을 어떻게 읽으라는 거야?

토론이 열기를 더해 가는데 간호원이 들어오며 말했다.
"누구 전화번호부 가져간 사람 있어요?"

✌ 훌륭한 의사

휠체어에 앉은 채 병문안을 온 친구를 배웅하는 철호.
"저 의사는 정말 대단한 의사다."
"짜샤! 너를 빨리 퇴원하게 해 줘야 훌륭한 의사지."
"내가 처음 입원할 때 두 발로 걷게 해 준다고 하더니 정말 그랬어."
"하지만 넌 아직 치료 중이잖아."
"아냐, 정말 의사 말대로 됐어. 병원 치료비를 내기 위해 차를 팔

앗으니까."

회사에서 부장님 집들이로 직원들이 방문을 하게 되었다.

부장님 부인이 직원들을 보며 말했다.

"이 집 까다로운 양반과 같이 일하시느라 힘드시죠?"

이에 직원들이 답하기를,

"하하하! 저희야 회사에서만 대하지만 사모님은 평생 살아야 하는걸요?"

✌️ 이에는 이

"넌 왜 이리도 말귀를 못 알아들어?"

말귀를 못 알아듣게 설명을 하고는 늘 이렇게 부하 직원에게 면박을 주는 상사가 있었다. 어느 날 이 직원은 여느 때와 같이 상사 앞에 서게 되었는데, 영락없이 야단을 치는 게 아닌가?

"넌 왜 말귀를 못 알아들어?"

그러자 직원이 시치미를 뚝 떼고 되물었다.

"네? 뭐라고요?(더 열불이 났겠지?)"

✌️ 그것도 몰라?

할머니가 오랜만에 여고 동창회에 갔다.

"오랜만에 모였는데 교가 한번 부르자."

그런데 아무도 교가를 모르는 거였다.

"어쩜 너희들 교가를 모르니? 난 알아! 동해물과 백두산이~ 마르고 닳도록~~"

친구들은 서로 "나도 알아." 하며 따라 불렀다.

집에 가서 할머니가 할아버지에게 말했다.

"애들이 교가를 몰라서 나 혼자 부르니 따라 부르더라고!"

"당신네 교가 한 번 불러 봐!"

"동해물과 백두산이~~"

듣고 있던 할아버지 왈.

"그럼, 당신도 나랑 같은 고등학교를 나왔소?"

✌ 나이별 선생님

20대 선생님: 열심히 공부한 것을 가르치느라 시간이 모자란다.

30대 선생님: 어려운 것만 가르친다.

40대 선생님: 중요한 것만 가르친다.

50대 선생님: 아는 것만 가르친다.

60대 선생님: 기억나는 것만 가르친다.

✌ 복이 많은 사람은

1. 건널목에 도착하자마자, 신호등이 파란불로 바뀐다.

2. 시험 문제가 시험 시작 5분 전에 공부한 부분에서 나온다.

3. 약속 시간에 30분 늦게 도착했는데 상대방도 그 시간에 도착

한다.

4. 극장에서 새치기했는데 십만 번째 관객으로 뽑혀 상품을 탄다.

5. 처음 친 고스톱에서 쓰리고를 맞았는데 막판에 화투 한 장이 모자라 파토가 난다.

6. 생각 없이 스카프를 사서 엄마에게 드렸는데 그날이 엄마의 생일날.

7. 우산을 안 갖고 나갔는데 우산이 두 개나 임자 없이 놓여 있었다.

8. 외출을 마치고 들어오자 소나기가 쏟아진다.

9. 머리에 껌이 붙어 거지같이 커트했더니 '거지 헤어스타일'이 대유행이었다.

10. 연애박사라고 소문날 정도로 실컷 놀고 결혼했는데 아주 순진한 남자를 만나서 온갖 사랑을 받는다.

11. 공중전화를 다 걸고 돌아서는데 동전이 도로 나온다.

12. 물건을 사러 백화점을 갔는데 그 순간 반짝 세일해서 70%로 산다.

✌️ 뻔한 거짓말

저를 뽑아 주시면 열심히 일하겠습니다.

– 국회의원

이런 고장은 처음 보네요.

– A/S기사

혼을 담은 시공

– 건설회사

지하철역에서 걸어서 3분

– 신축아파트 광고

얼굴보다 마음이 중요하죠.

– 미스코리아

✌천 원짜리 지폐와 만 원짜리 지폐의 만남

천 원짜리 지폐와 만 원짜리 지폐가 만났다.

"그동안 잘 지냈어?"

그러자 만 원짜리가 대답했다.

"응, 카지노도 갔었고, 유람선 여행도 하고, 또 야구장에도 갔었어. 넌 어땠어?"

그러자 천 원짜리가 말했다.

"나야 뭐 늘 그렇지. 교회, 교회, 그리고 또 교회…."

유머 광고의
장단점

유머 광고란 말장난, 농담, 돌려 말하기, 아이러니, 풍자, 부조화 등을 사용한 광고를 말한다.

유머 광고의 장점

유머 광고는 광고 노출자의 광고 집중력을 최대한 끌어 올려서 회상력을 집중시킨다. 그리고 유머 광고에 의해 유발된 광고에 대한 긍정적인 감정은 감정이입을 통해 그 상품에 대한 태도에까지 긍정적인 영향을 미친다.

광고에 있어서 유머에 관해 가장 자주 인용되는 것은 1973년 'Stemthal과 Craig'의 논문이다. 이 분야에 관심 있는 이들에게 도움이 될 수 있도록 광고와 유머와의 상관관계를 정리해 놓았는데, 다음과 같다.

• 유머 광고는 소비자들이 메시지를 이해하거나 상품을 기억하는데 효과적이다.

• 유머러스한 메시지는 관심을 가지게 한다.

• 유머러스한 메시지는 광고에 대한 거부감을 줄이고 문제의 소지를 감소시킨다.

• 유머는 제품에 대한 신뢰도를 높여 줄 수도 있다.

• 유머는 대상에 따라 달리 해석될 수도 있다.

• 유머러스한 내용은 제품이나 정보에 대한 선호도를 높이고, 긍정적인 분위기를 조성한다.

• 유머는 긍정적인 분위기를 유도하며 광고에 대한 설득력이 있어 전달 효과를 높여 준다.

광고에서 유머를 활용할 때는 상품과 긴밀한 연관성이 있어야 하고 순수하면서도 긍정적이어야 한다. 그리고 유머 자체가 목적이 아니라 제품 홍보를 위한 하나의 수단으로 사용될 때 효과를 볼 수 있다.

예를 들면, 지나가다 재미있는 간판을 보게 되었는데 '꼬치피네, 꼬치피네'였다. 순간 꽃을 연상하고 자세히 보니 닭 꼬치 집이었다.

✌ 유머 광고

친구가 쇼핑할 때 같이 간 적이 있다.

친구: 아, 그게 없네. 그게 없어.

여기저기 둘러보던 친구가 점원에게 물었다.

친구: 프랑켄슈타인 우유 없어요?

점원: 네? 프랑켄슈타인이요?

나: 야, 인마. 아인슈타인이 언제부터 프랑켄슈타인으로 둔갑했냐?

유머 광고의 단점
• 광고 메시지의 이해력을 저하시켜 광고의 주된 목적 가운데 하나인 상품의 장점을 제대로 전달할 수 없다.
• 소비자마다 유머에 대한 센스가 주관적이기 때문에 모든 이에게 골고루 어필할 수 없다.
• 유머 광고는 상품의 성격, 광고매체의 성격, 소비자의 성향 등 여러 가지 주변 상황에 영향을 받기 때문에 사용 범위가 제한적이며 빨리 식상할 수 있다.

✌️ 달과 6펜스

서머셋 몸이 무명작가 시절 『달과 6펜스』라는 책 한 권이 출판됐다. 무명작가라서 책이 거의 팔리지 않자, 출판사에서도 광고를 포기하고 알아서 하라고 했다.

이에 서머셋 몸은 고민 끝에 신문 광고를 냈다.

"배우자를 찾습니다. 나는 스포츠와 음악을 좋아합니다. 그리고 성격이 좋은 백만장자입니다. 내가 찾는 이상형은 서머셋 몸의 『달과 6펜스』라는 책에 나오는 여주인공과 같은 여인입니다. 이것을 보시고 본인이라고 생각하시는 분은 아래의 연락처로 연락 주시기 바랍니다."

얼마 후 『달과 6펜스』는 베스트셀러가 되었다.

여성 유머와
남성 유머

여성 유머

유머는 남성과 여성에 따라 보편적인 차이를 가진다. 예를 들어 갈등 상황에 놓인 여성과 남성이 있다고 가정했을 때 여성은 재미있는 상황을 연출해서 조화로운 분위기를 만들려고 하는 경향이 있고, 남성보다 더 빈번히 강도 높게 웃으며 갈등을 무마하고 잘 들어주어 좋은 분위기를 만들려고 노력한다. 이 때문에 TV 프로그램에서 흔히 보면 방청객들이 대부분 여성인 것을 알 수가 있다.

그런데 얼마 전 한 연구 결과에서 여성에게 유머 감각이 남성보다 다소 부족하다고 나왔다. 미국 CBS뉴스 온라인판 '심신의학회보(Psychosomatic Bulletin & Review)'에 실린 이 연구 결과는 미국 캘리포니아대 연구팀이 남녀 대학생 각 16명씩을 대상으로 진행한 것이다.

연구팀은 그림만 있을 뿐 캡션이 생략된 만화를 보여 준 뒤 이들 학생에게 각자 유머 감각을 발휘해 최대한 재미있게 캡션을 채워 달라고 주문했다. 이후 완성된 만화를 일반 독자 80여 명에게 각각 보여 준 뒤 웃기는 순서대로 점수를 매기도록 했다.

그 결과, 남자 대학생들이 창작한 만화 캡션이 여자 대학생들의 작품에 비해 평균 0.11점 높은 점수를 받았다. 남성들이 유머에 대해 더 높게 점수를 매겨 '웃음 반응도' 면에서도 높게 나타났다.

유머 감각 넘치는 히트 광고나 스타 강사들의 강좌만 봐도 알 수 있듯 단순한 지식과 정보만으로 승부하는 시대는 지났다. 정보도 재미가 없으면 통하지 않고 제압하는 리더보다 포용하는 리더가 각광받는 흐름.

유머는 단순히 남을 웃기는 액션이나 말장난이 아니라 상대의 웃음을 유발시켜 긴장을 풀어 주고 스스로도 긍정적인 시각으로 인생을 바라볼 수 있게 해 주는 윤활제가 되고 있다.

남성 유머

남성은 유머를 갈등의 종식으로 이해하고 같이 농담을 주고받으면서 갈등을 해소하는 경우가 많다. 그리고 주변 사람들이 웃을 때는 여성이 남성보다 더 신속하게 따라 웃는데, 남성은 이것을 동의의 표시로 해석한다. 하지만 실은 다른 사람을 곤혹스런 입장에 빠뜨리지 않으려는 배려라고도 할 수 있다.

특히 남성은 서열을 정하기 위한 우스갯소리를 많이 하며, 같은 남성들만의 모임에서보다도 여성과 함께 있을 때 더욱 부드러운 분위기가 연출되고 주변 사람들과 화합이 잘되는 경우를 많이 경험해 왔다.

물론 이와 같은 내용이 절대적인 것은 아니라고 생각하며 반대의 경우도 수차례 봐 왔지만, 대체로 위와 같이 보편적인 내용이 어느 정도 들어맞는다고 생각한다.

부부 유머 5계명

부부는 닮는다. 결혼 초에는 이질적이어서 끊임없이 으르렁대지만 살아가면서 이질적인 면이 점점 줄어들고 생각이나 행동까지 비슷해지며 드디어는 모습까지도 닮아 어떻게 기질이 만들어지는가를 쉽게 알게 한다.

자식이 부모 속을 썩이면 어디서 저런 녀석이 태어났는지 모르겠다고 역정을 내지만 자녀는 은연중에 부모를 닮지 이웃 아저씨를 닮는 것이 아니라는 사실이다.

자녀에게 아무리 좋은 얘기를 한다고 해서 달라지는 것이 아니다. 게가 옆으로 기면서 새끼 게에게 앞으로 걸으라는 것과 같을 수밖에 없다. 자녀를 변화시키려면 부모의 자질과 기질이 변하지 않으면 아무 소용이 없다.

여기에 부부 5계명을 소개한다.

1. 상대의 자존심과 마음 배려하기

기본적으로 남성과 여성은 뇌의 프로그래밍이 다르다. 여성은 언어 능력이 발달된 반면 남성들은 공간 지각력이 발달되었다. 그래서 아내들은 자신들이 얼마나 말을 잘하고 말로 남편들의 맘에 비수를 꽂는지를 잘 모르는 경우가 있다. 대화가 필요하다. "내가 너무 힘들고 아파."라는 호소를 남편들은 '너 때문에'라고 남편을 탓하는 것으로 들을 수 있기 때문이다. 남편이 오해할 만한 언어적 공격은 되도록 하지 않도록 한다.

2. 언어적 공격을 피하라

• 책임 미루기

당신 때문에 뭔가 잘못되었다는 의미가 포함된 표현들.

• 인격에 관한 언어들

'계획성이 없다', '게으르다', '무책임하다', '이기적이다', '애들에게 관심이 없다', '나에게 애정이 없다' 등 배우자의 인격을 부정적으로 단정 짓는 말.

• 모욕적인 언행

'돈도 못 버는 주제에 제대로 할 줄 아는 게 뭐야?', '그래도 남자라고…', '집안 내력이구만. 아버님도 그러셨다며?'와 같이 깔보고 욕되게 하는 말.

• 시도 때도 없는 의심

'지금 어디야?', '누구랑 있는데?', '왜 늦어?', '뭐 해?'와 같이 취조당하는 기분을 들게 하는 말.

• 남들과의 비교

'옆집 부부는 해외여행 간다던데', '그 집 남편은 승진했다던데,

엄청 큰 집으로 이사했대', '마누라 차 있는데도 불구하고 새로 뽑아 줬다는데' 등과 같은 비교는 남편들을 점점 궁지로 몰거나 부담감과 자책을 느끼게 한다. 또한 묵묵부답, 단답형 대답, 술을 마시고 늦게 들어오는 등 아내로부터 도망가려고 궁리를 하게 된다.

3. 위로와 격려로 상대 마음 편하게 하기

생각보다 남성들은 감정에 약하다. 그중에서 화내는 걸 두려워하는 남성들이 많다.

화가 나고 스트레스를 받으면 우리 몸에서는 스트레스 호르몬이 분비된다. 이 호르몬의 작용에 의해 심장 박동이 빨라지고, 혈압이 상승하며, 호흡이 가빠지고, 식은땀이 나고, 동공이 확대되며, 가슴에서 뭔가 치밀어 오르는 등 신체적 변화를 느끼게 되는 것이다. 분노라는 감정은 이렇듯 신체적인 변화를 수반하는, 일종의 신호이다. 그런데 이 스트레스 호르몬에 대한 남녀의 반응이 각각 다르다.

여성들은 일단 화가 나고 신체적으로 각성되었다가도 스스로 긍정적인 생각을 하고 친구와 수다를 떨며 자신을 진정시키는 능력이 남성들에 비해 큰 것으로 연구 결과 밝혀졌다. 하지만 남성들은 일단 한번 화가 나면 그걸 진정시키는 것이 여성보다 어렵다. 질환에 걸릴 위험도 같은 나이의 여성에 비해 훨씬 높다.

중요한 점은, 좋은 아내는 남편을 진정시키고 달래 주고 위로해 주는 아내라는 것이다. 위로란 상대방의 마음을 알아준다는 것, 즉 공감하고 맞장구치며 동조하는 것이다.

"그래, 그래, 오죽하면 그러겠어…. 나도 당신 입장이라면 그런 느낌일 거야. 맞아, 맞아. 뭐 그런 사람이 다 있지?"

남편의 입장에서 남편을 달래 주고 위로하는 유머 섞인 말 한마디가 중요하다.

4. 식사와 부부간의 성을 중요하게 생각하기

식사의 중요성은 알면서도 당연하기에 오히려 지나치기 쉽다. 음식을 먹고 느끼는 포만감, 밥과 반찬을 맛있게 먹고 난 뒤의 포만감을 행복하게 여기는 남편들이 많다는 것이다. 밥과 부부간의 성은 남성들에게 포만감을 느끼게 한다.

5. 5가지 원칙 지키기

하루 약간의 투자로 남편의 기를 살려 주자.

• 출근 시 배웅

출근하는 남편과 함께 엘리베이터 앞까지 나가서 얼굴을 마주하고 '파이팅, 힘내요!' 등 자신만의 말 한마디로 남편을 격려해 준다.

• 퇴근한 남편 반기기

퇴근 후 돌아온 남편이 밥을 먹고, 씻고, TV를 보거나 컴퓨터를 하도록 30분에서 1시간 정도는 내버려 둔다.

• 격려와 감사

하루에 한마디씩 남편의 노고를 격려해 주고 감사의 말을 해 준다.

• 남편의 말에 공감해 주기

남편의 하는 말이 나와 다르더라도 고개를 끄덕여 주며 들어 준다. 다 듣고 난 후 다른 점은 차근차근 이야기한다.

• 남편 칭찬해 주기

하루 종일 남편은 전쟁과도 같은 조직 생활에서 나름대로 긴장하고 스트레스를 받는다. 상사의 눈치도 봐야 하고 동료와의 갈등도 있을 수 있다. 그런 남편이 기를 살릴 수 있도록 하는 것이 아내의 역할이다. 한 가지라도 칭찬해 주자.

부부간에도 말하기 곤란한 얘기가 있는데, 그럴 때 유머로 은근슬쩍 넘어가는 것도 지혜인 것 같다. 프랑스 속담에 '재치는 순간의 신(神)이요, 천재는 시대의 신(神)이다.'라는 말이 있는데, 우리는 순간의 신(神)을 보다 자주 만날 필요가 있지 않을까 싶다.

남편들은 요즘 밖에서 많은 스트레스를 받는다. 물론 아내가 받는 스트레스도 만만치가 않다. 그런데 부부간에 서로 기대치가 높으면 높을수록 갈등이 많고 실망도 큰 것 같다. 무얼 사다 주면 그것이 그저 고맙고, 해 주는 말 한마디가 고맙고, 행동이 고맙게 느껴질 수 있도록 서로가 마음을 비워야만 갈등을 줄일 수 있다.

📖 이럴 때, 아내는 남편이 고맙다

• 밤늦게 쓰레기를 대신 버려 줄 때
• 손이 닿지 않는 곳을 긁어 줄 때
• 화장실에서 볼일을 봤는데 화장지가 없어서 난감할 때

- 남은 음식을 깔끔하게 먹어 줄 때
- 대형 할인점에 쇼핑하러 갔을 때
- 짐도 많은데, 아이가 차에서 잠이 들었을 때
- 모처럼 자유로운 주말, 여기저기 친구한테 전화를 해도 모두 계획이 있다고 할 때
- 위와 같은 상황에서 모두 들어줄 때

✌️ 발가락의 때

"여보, 당신은 나를 발가락의 때만큼도 생각하지 않는 것 같아."

"아니에요. 그렇게 생각해요." (뭐야? 때처럼 생각한다고?)

✌️ 나머지 4분

아내가 물었다.

"여보, 5분 후 세계에 종말이 온다면 당신은 무얼 할 거예요?"

"그야 당연히 당신과 사랑을 나눠야지."

"그래요? 그럼 나머지 4분은요?"

✌️ 복권 당첨

회사 일로 늦게 귀가하던 어떤 아내가 집 근처 편의점에서 로또복권을 한 장 샀다. 물건을 다 고른 뒤 계산을 마치고 나가려는데 복권 추첨이 시작됐고 발걸음을 멈추고 확인하니, 자신이 1등에 당첨된 것이 아닌가! 아내는 남편에게 급하게 전화해서 말했다.

"여보, 빨리 짐 싸요. 나 로또 1등에 당첨됐어요."

남편이 깜짝 놀라며 말했다.

"정말이야? 이게 꿈은 아니겠지? 짐은 어떻게 쌀까?"

답답한 아내가 남편에게 소리쳤다.

"어떻게 싸든 알아서 빨리 짐 싸서 어서 집을 나가세요!"

✌ 공주병 아줌마

아내: 여보! 나처럼 얼굴도 예쁘고 살림도 잘하는 것을 사자성어로 뭐라고 하지? (당연히 금상첨화라는 대답을 기대함)

남편: 자화자찬?

아내: 아니, 그거 말고.

남편: 그럼, 과대망상?

아내: 아니! 금자로 시작하는 말 있잖아.

그러자 그제야 남편이 무릎을 탁! 치며 자신 있게 대답하는 말.

"금시초문!"

✌ 못 쓰는 물건

토요일 밤이 지나고 일요일 아침, 아파트 관리실에서 방송을 했다.

"집에 못 쓰는 물건 있으시면 관리실 앞으로 갖고 나오세요."

한참 뒤에 관리실 앞마당에는 마누라에게 끌려 나온 풀 죽은 남편들이 한 무더기 있었다.

🖐 남편과 밥

집에서 밥을 한 끼도 안 먹는 남편 – 영식 씨

한 끼만 먹는 남편 – 일식 씨

두 끼 먹는 남편 – 두식 군

세 끼 먹는 남편 – 삼시쉐끼

새끼 먹고 간식까지 먹는 남편 – 간나쉐끼

세끼 다 먹으면서 간식도 먹고 야식도 먹는 남편 – 종간나쉐끼

시도 때도 없이 먹는 남편 – 십쉐끼

시도 때도 없이 먹으면서 아내하고 사랑 한 번 안 하는 남편 – 쌍노무쉐끼

🖐 피장파장

마누라가 말없이 외박을 하고 들어왔다.

"어디 가서 자고 이제 들어오는 거야?"

"으응, 내 친구 옥자가 남편이 죽었다고 연락이 와서요."

남편이 아내 친구에게 확인 전화를 해 보니 아내 친구의 남편은 살아 있었다.

"아니~ 남편이 살아 있다고 하는데 무슨 소릴 하는 거요?"

"아니, 친구 남편의 '거시기'가 죽어서 살려 달라고 부탁을 하길래 살려 주고 왔어요."

"뭐라고?"

"여보, 너무 언짢게 생각 말아요! 당신 거시기도 죽으면 옥자가

와서 살려 주기로 약속하고 왔으니까요."

🖐 의사의 진단

한 부부가 병원에 가서 남편의 종합건강진단을 받았다. 그리고 검사가 끝난 뒤, 의사는 그 아내를 불렀다. 의사는 그 아내에게 말했다.

"만약에 지금부터 내가 지시하는 사항을 따르지 않으면 당신의 남편은 죽게 될 것이오.

첫째, 당신은 매일 아침 당신의 남편에게 맛깔스러운 건강식을 주어야 하고

둘째, 당신은 매일 점심때마다 당신의 남편에게 균형 잡힌 식단을 짜서 주어야 하며

셋째, 당신은 남편에게 집안의 일로 정신적인 스트레스를 주는 잔소리를 삼가야 하고

넷째, 당신은 남편에게 짜증을 내거나 화를 내거나 잔심부름을 시키면 안 되며

다섯째, 당신은 집안을 항상 깨끗하게 청소를 해 두어야 합니다.

그렇지 않으면 당신 남편은 죽을 것이요."

남편과 아내는 함께 차를 타고 집으로 돌아가는 길에 남편이 아내에게 의사가 뭐라고 하더냐고 물어 보았다. 그러자 아내는 남편에게 퉁명스럽게 말했다.

"당신이 곧 죽을 것이니 마음의 준비를 하래요…."

✌️ 문을 연 곳

남편은 매일 새벽 3시가 넘어서야 겨우 들어온다. 보다 못한 아줌마 바가지를 긁기 시작했다. 아무리 화를 내고 앙탈을 부려 봐도 묵묵부답인 남편. 더 화가 난 아내가 소리쳤다.

"당신, 정말 나한테 혼나 볼 거야? 왜 3시가 넘어서 들어오는 거야?"

그러자 묵묵히 듣고 있던 남편이 가만히 말했다.

"이 시간에 문 여는 데가 집밖에 없어서 들어왔지."

✌️ 아내의 초능력

기자가 유명한 장 박사님께 묻는다.

"장 박사님은 여자의 초능력을 믿으시나요?"

"믿지요. 암, 믿고말고요."

"혹시 경험이 있습니까?"

"네, 내 아내의 초능력입니다. 제 얼굴만 보고도 오늘 무슨 짓을 했는지 귀신같이 안다니까요."

✌️ 비옷

어느 중년 부인이 무려 15명의 아이를 낳았다. 15명의 아이를 받아 낸 산부인과 의사가 산모의 남편을 불러 상담을 했다.

"이제 피임을 해야 한다는 생각이 들지 않으십니까?"

그러자 남편이 인상을 찡그리며 말했다.

"의사 선생님, 그럴 수는 없습니다. 우리에게 아이를 보내 주시는 건 하느님의 뜻입니다.”

의사가 말했다.

“그건 맞는 말입니다. 하지만 비도 하느님이 주시는 건데 우리는 비에 젖는 게 싫어 우산을 쓰지 않습니까? 다음부터는 꼭 비옷을 입도록 하세요.”

✌ 남친과 남편

남친일 땐 나에게 친절하기만 하더니

남편 되니 남의 편만 드네

남친일 땐 친구같이 편한 사이 되자더니

남편 되니 상전이 따로 없네

남친일 땐 나에게만 매너맨이더니

남편 되니 나가서만 매너맨이네

남친일 땐 자기 앞에서만 울라더니

남편 되니 지 앞에서 질질 짜지 말라네

남친일 땐 네 거 살 돈 아껴 내 거 사더니

남편 되니 내 거 살 거 아껴 지 거 사려 하네

남친일 땐 손에 물 한 방울 안 묻게 해 준다더니

남편 되니 제 손에 물 한 방울 안 묻히려 하네

남친일 땐 펜을 꾹꾹 눌러 손 편지도 잘 써 주더니

남편 되니 펜을 꾹꾹 눌러 카드전표에 사인만 해대네

남친일 땐 나, 나, 나 3종 세트밖에 모르더니

남편 되니 소파, 리모컨, 티브이 3종 세트와 사랑에 빠졌다네

남친일 땐 태릉선수촌에 입소할 만큼 에너지 넘치더니

남편 되니 루게릭병이더냐 디스크더냐 누워만 있네

남친일 땐 드라이브가 취미라 여행도 자주 가더니

남편 되니 온라인 드라이브만 하고 있네

남친일 땐 애기들 좋아해 보육원 자원봉사한다더니

남편 되니 제 자식 하나 제대로 돌보지 못하네

남친일 땐 정신연령 나보다 10살은 위더니

남편 되니 정신연령 아들보다 낮아 가네

남친일 땐 내 마음에 감동만 주더니

남편 되니 내 마음에 감똥만 주네

✌ 좋은 아내, 나쁜 아내

좋은 아내는 천사같이 되려고 한다.

나쁜 아내는 자기가 천사라고 믿는다.

좋은 아내는 조그마한 선물을 받고도 기뻐한다.

나쁜 아내는 뭘 사줘도 잘못 샀다고 구박한다.

좋은 아내는 집 안이나 집 밖이나 똑같이 대해 준다.

나쁜 아내는 밖에만 나가면 천사가 되지만 둘만 되면 다시 악악거리기 시작한다.

좋은 아내는 조그마한 일이라도 남편이 원하는 것이면 기억을 했다가 해 준다.

나쁜 아내는 남편이 원하는 것이라면 뭐든지 안 된다고 빡빡거린다.

좋은 아내는 남편이 방귀를 껴도 생색을 내지 않는다.

나쁜 아내는 차 안에서 방구를 크게 뀌고도 남편이 창문을 열라고 하면 못 열게 한다.

좋은 아내는 남편의 실수를 들춰내지 않는다.

나쁜 아내에게는 남편의 실수는 곧 처벌과 처형을 뜻한다.

좋은 아내는 남의 흉을 보지 않는다.

나쁜 아내는 남 흉볼 때 남편이 자기 편 안 들어 준다고 악악거린다.

좋은 아내는 남편이 아픈 것 같으면 더 잘해 준다.

나쁜 아내는 남편이 아프다고 하면 아프려면 혼자 조용히 아프라고 소리 지른다.

좋은 아내는 남편이 사준 차를 버릴 때까지 고마워하며 운전한다.

나쁜 아내는 남편이 차를 사 주면 진작 사 주지 여태까지 뭐 했냐고 소리 지른다.

좋은 아내는 희망과 사랑으로 매일을 산다.

나쁜 아내는 절망과 푸념으로 매일을 산다.

좋은 아내는 남편이 실직을 해도 격려하고 직장 찾을 때까지 같이 해 준다.

나쁜 아내는 좋은 직장 다니는 남편도 구박을 해서 멀쩡한 직장을 실직하게 해 준다.

좋은 아내는 친구들이 자기네들 남편 흉 볼 때 끼지 않는다.

나쁜 아내는 자기 남편을 제일 먼저 도마 위에 올려놓고 난도질한다.

좋은 아내는 남편과 같이 식사하는 것을 즐거움으로 생각한다.

나쁜 아내는 식당에서 혼자 맛있는 것 먹다가 남편 친구한테 들키면 남편한테 얘기하지 말라고 신신당부한다.

좋은 아내는 남편이 주말에 늦게까지 자고 있으면 더 자라고 조용하게 해 준다.

나쁜 아내는 남편이 자기보다 5분 더 자는 걸 눈 뜨고 못 보고 옆구리를 조용히 찔러 준다.

좋은 아내는 화장실에 있는 남편을 위해서 재밌는 잡지를 가져다준다.

나쁜 아내는 남편이 화장실에서 쭈그리고 앉아 있는 걸 눈뜨고 못 본다. 회사 가서 싸라고 소리 지른다.

좋은 아내는 남편이 이쁘다고 말해 주면 즐거워한다.

나쁜 아내는 남편이 이쁘다고 말해 주면 언제는 미웠었냐고 다그친다.

좋은 아내는 남편이 이불을 걷어차면 조용히 덮어 준다.

나쁜 아내는 남편이 잘 때 이불을 다 뺏어 온다.

좋은 아내는 남편한테 새로 나온 양복을 사 주고서 기뻐한다.

나쁜 아내는 남편이 새로 양복을 산다고 하면 애인 생겼냐고 다그친다.

좋은 아내는 와이셔츠를 다리면서 멋있는 남편의 모습을 생각한다.

나쁜 아내는 남편이 셔츠를 입으려고 하면 다려 놓기 무섭게 쏙쏙 빼입는다고 소리 지른다.

좋은 아내는 남편이 출장을 가서 전화해 주면 반가워한다.

나쁜 아내는 남편이 출장을 가서 전화해 주면 할 일 없이 비싼 전화하려면 출장 가지 말라고 소리 지른다.

좋은 아내는 남편이 출장을 가면 돌아오는 날을 위해서 맛있는 음식을 준비한다.

나쁜 아내는 남편이 출장을 가면 그동안 혼자서 집안일하게 고생시킨다고 칼을 간다.

좋은 아내는 가끔 나쁜 아내가 될 수도 있다.

사람이니까.

나쁜 아내가 가끔 좋은 아내가 된다는 것은 불가능하다.

사람이 아니니까.

좋은 아내는 남편에게 사고라도 날까 봐 늘 걱정을 해 준다.

나쁜 아내는 큰 사고가 났다는 뉴스를 듣자마자 방송국에 전화해서 남편 이름을 확인한다.

좋은 아내는 잠자는 남편의 손을 한번 꼬옥 잡아 본다.

나쁜 아내는 잠자는 남편의 허벅지를 꼬옥 꼬집어 본다.

좋은 아내는 남편이 청소를 깨끗하게 못해 놔도 나중에 몰래 마무리한다.

나쁜 아내는 남편이 청소를 잘해 놔도 트집을 잡으려고 뒤지고 다닌다.

착한 아내에게는 남편이 화를 낼 수가 없다. 즉석에서 풀어지기 때문이다.

나쁜 아내가 화를 내면 남편은 대꾸도 할 수가 없다. 즉석 사형이기 때문이다.

착한 아내에게 제일 중요한 건 남편의 사랑이다.

나쁜 아내에게 제일 중요한 건 자기 자신 자랑이다.

착한 아내는 남편 월급이 오르면 같이 기뻐한다.

나쁜 아내는 남편 월급이 오르기도 전에 신용카드로 자기 옷을 사 버린다.

착한 아내와 남편 사이를 갈라놓을 수 있는 것은 두 사람의 죽음밖에는 없다.

나쁜 아내의 남편이 자유로워질 수 있는 길은 자기 자신의 죽음밖에는 없다.

착한 아내의 잔잔한 미소는 모든 사람의 마음을 즐겁게 한다.

나쁜 아내의 잔인한 미소는 모든 사람의 등골을 오싹하게 만든다.

착한 아내의 남편이 죽으면 그 이상 슬픈 일이 없다.

나쁜 아내의 남편이 죽으면 기왕 죽을 거 일찍 죽지 않고 재혼도 못하게 늦게 죽었다고 화를 낸다.

경상도에서는

어느 경상도 출신의 학생이 서울의 대학에 합격해서 동아리에 들게 되었다. 거기서 알게 된 서울 친구가 경상도 출신에게 물었다.

"경상도에서는 정말로 '사랑한다'를 '내 아를 나도'라고 표현하나?"

경상도 출신은 황당하다는 표정으로 말했다.

"실제로는 안 그란다."

서울 친구가 궁금하다는 표정으로 물었다.

"그럼 뭐라고 사랑 고백하는데?"

경상도 친구는 천천히 대답했다.

"함 도(한 번 줘)."

✌️ 뭐가 들었기에

한 남자가 술집에 들어와서 맥주 한 잔을 시켰고, 술이 나오자 그는 술을 마시면서 셔츠 주머니 안을 들여다보았다. 남자는 한 잔을 다 마시고 또 한 잔을 시켰고, 계속 주머니 안을 들여다보면서 술을 마셨다. 남자가 술을 또 시키자, 술집 주인이 궁금해서 물었다.

"근데 왜 자꾸 주머니를 들여다보는 거요?"

그러자 남자가 대답했다.

"주머니 안에 우리 마누라 사진이 있는데, 마누라가 예뻐 보이기 시작하면 집에 갈 시간이거든."

✌️ 아줌씨들의 요즘 이상형

여자의 일에 11이 간섭하지 않으며

해 주는 음식에 22가 없어야 하며

얼굴과 몸매는 33해야 되고

여자가 내리는 결정에 44건건 참견하지 않으며

밤에는 5!5!하는 소리가 절로 나게 해 주어야 하며

때로는 과감하게 66, 69 체위도 할 줄 알아야 하며

성격과 외모는 77 맞지 않아야 하며

정력은 88해야 하고

언제나 99한 변명 없이 솔직해야 하며

경제력은 00(빵빵)해야 한다.

✌️ 앗, 실수!

파티에서 한 남자가 술에 취한 척하고 여자를 뒤에서 껴안았다.

"죄송합니다, 부인. 제 아내인 줄 알고…."

그러자 여자가 말했다.

"사과할 것 없어요. 바로 저예요, 여보."

✌️ 대단한 안목

아내가 새 옷을 사 오자 남편이 한마디 한다.

"그걸 옷이라고 골랐어? 대체 물건 보는 눈이 없단 말이야. 나 좀 닮아 봐!"

"맞아. 그래서 당신은 날 골랐고 난 당신을 골랐지."

✌️ 아내를 죽이는 방법

1. 귀에다 있는 힘껏 혀를 갖다 대고 핥아 줍니다. 간지러워 죽습니다.

2. 매일 저녁 6시 칼퇴근 하는 겁니다. 지겨워 죽습니다.

3. 곤히 잠자는 아내 몸에 손을 대서 은근 잠 깨워 놓고 "자냐?" 물어보고 그냥 자면 열받아 죽습니다.

4. 샤워하고 나온 아내 그윽한 눈으로 바라만 보다 잠자면 쪽팔려 죽습니다.

5. 새로 산 속옷 야시시하게 입고 나왔는데 쳐다보지도 않고 불 끄고 덤벼들면 돈 아까워 죽습니다.

6. 비 오는 날 우산 들고 나갔다가 우산 잃어버리고 전철역 앞에 우산 들고 마중 나오라고 하면 짜증나 죽습니다.

7. 친한 친구들 이름 여자 이름으로 바꿔 저장해 놓으면 핸드폰에 연락 올 때마다 환장해 죽습니다.

8. 매일매일 3시간씩 밤에 정성을 다해 몸으로 봉사하세요. 피곤해서 죽습니다.

9. 이래도 안 죽으면 어쩝니까? 팔자려니 바람피우고 살아야지. 대신 걸리지는 마세요. 당신이 죽습니다.

✌️ 나의 아내는

1. 자기는 할 일이 너무 많아서 바빠 죽겠다고 하는데 내가 보기에는 맨날 노는 것 같다.

2. 무슨 돈 쓸 일이 그렇게 많은지 돈이 부족하다는 소리만 한다.

3. 내가 원해서 된 사람이지만 갈수록 내 맘에 안 든다.

4. 내가 자기를 좋아하는 줄 안다.

5. 자기가 하고 싶어 하면서도 언제나 내 핑계를 댄다(남편이 좋아하니까).

6. 술 먹을 때 안주 대신에 잘근잘근 씹으면 스트레스가 풀린다

(화젯거리로).

7. 돈 쓰기를 좋아한다. 돈 쓰는 게 낙이다. 대책 없이 돈 쓰고 다니며 아까운 줄 모른다.

8. 후계자를 양성한다(어느새 아이들이 아내의 편이 되어 올 때도 꼭 '엄마' 하고 운다).

9. 말로는 도저히 상대가 되지 않는다(한마디로 말만 좋다).

10. 비교하기를 좋아한다(국회의원은 정권이 바뀌면 비교해 봐서 좋은 쪽으로 옮겨 다니고 아내는 옆집 재호 아빠는 마누라에게 반지를 사 줬느니 하며 열받게 한다).

🖐️ 어른들의 비밀

한 꼬마가 동네 친구에게서 흥미 있는 얘기를 들었다.

"어른들은 무엇이든지 꼭 비밀이 한 가지씩 있거든. 그걸 이용하면 용돈을 벌 수 있어."

꼬마는 실험을 해 보기 위해 집에 가자마자 엄마에게 말했다.

"엄마, 나 모든 비밀을 알고 있어."

그러자 엄마가 놀라서 만 원을 주며 말했다.

"절대 아빠에게 말하면 안 된다!"

이에 신난 꼬마는 아빠가 들어오자 슬쩍 말했다.

"아빠, 나 모든 비밀을 알고 있어."

그러자 아빠는 꼬마를 방으로 데리고 가 2만 원을 주며 말했다.

"너 엄마에게 말하면 안 된다!"

꼬마는 다음 날 아침 우편배달부 아저씨가 오자 말했다.

"아저씨, 나 모든 비밀을 알고 있어요."

그러자 우편배달부는 눈물을 글썽거리며 말했다.

"그래, 이리 와서 아빠에게 안기렴….."

✌ 국회의원이 더 나은 점

몇 년마다 바꿀 수 있다. 매일 보지 않아도 된다.

✌ 천생연분

어느 부부가 외식을 하려고 집밖에 나왔는데 아내가 남편에게 말했다.

"이를 어쩌죠? 다리미 코드를 빼지 않고 그냥 나왔어요."

"걱정 마. 나는 면도하다가 수도꼭지를 안 잠그고 왔으니까 불날 일은 없을 거야.

✌ 나도 소중해

만난 지 1년쯤 되는 두 연인이 대화를 나누고 있었다.

여자가 남자에게 말했다.

"자기야, 난 자기 없으면 단 하루도 못살 것 같은데 자기는?"

그러자 남자가 대답했다.

"응, 나도 나 없이는 하루도 못 살아!"

✌️ 영어를 배운 할머니

한 할머니가 영어학원에서 영어를 배웠다. 그래서 너무나 자랑하고 싶은 나머지 5살짜리 손녀에게 물었다.

"사과가 영어로 뭔 줄 아나…?"

"사과가 사과지 뭐."

"그것도 모르나 애플 아이가 애플!"

할머니 이젠 노인정에 가서 묻는다.

"연필이 영어로 뭔 줄 아나?"

"그걸 내가 우예아노(어떻게 압니까)?"

"그거 펜슬 아이가!"

이번엔 지나가는 아줌마에게 물었다.

"물이 영어로 뭔 줄 아니껴(압니까)?"

"워터 아닌가요?"

"물은 셀프야!"

✌️ 건망증

계단에서 굴렀다. 훌훌 털고 일어났다. 근데 내가 계단을 올라가고 있었는지. 내려가고 있었는지 도통 생각이 안 난다.

아침에 일어나서 이빨 닦으려고 화장실에 갔다. 근데 내 칫솔을 도대체가 찾을 수 없다. 색깔도 기억이 안 난다. 달랑 4개의 칫솔 중에서….

학교에 가려고 집을 나서다가 잊은 것이 있어서 도로 집에 갔다. 근데 내가 뭘 가지러 왔는지 생각이 나지 않는다. 한참을 고민하고 찾다가 애꿎은 우산 하나를 가져왔다. 그날은 하루 종일 햇빛이 쨍쨍했고, 그날 저녁 난 학원에서 교재 없이 공부를 해야만 했다.

친구에게 전화를 걸었다. 근데 내가 누구한테 전화를 걸었는지 기억이 안 난다. 미치겠다.

"여보세요?"

"네, 거기 누구 네예요?"

"어디 거셨는데?(어머, 이런 개뼈다귀 같은 경우가 다 있냐?)"

"글쎄요."

다음 날, 학교 가니까 한 친구.

"너 어제 우리 집에 전화했었지?"

"(뜨끔) 아, 아니~(그게 너네 집이었냐?)"

"웃기고 있네. 남의 집에 전화해서 누구네 집이냐고 묻는 애가 너 말고 더 있냐?"

대학교 1학년 때 시험을 쳤다. 내가 생각해도 너무 완벽하게 친 것 같았다. 공부를 열심히 했으니.

며칠 후 교수님의 외침.

"시험 칠 때 학번 쓰는 자리에 30835라고 쓴 놈 나와!"

그렇다. 나 고3 때 3학년 8반 35번이었다.

자장면 먹을 때 다 먹고 나면 자장면 그릇 위에 한 입만 베어 먹은 단무지가 7, 8개는 있다. (이해 안 되면 통과! 공감하시는 분들 있을 것임)

학교 가려고 나서다가 몇 번이나 집에 되돌아왔다. 이유는….

"엄마, 내 시계."

"엄마, 지갑."

"엄마, 핸드폰."

"으휴, 이번엔 또 뭐야?"

"오, 오늘 토요일이지? 나 오늘 학교 안 가는 날인데."

✌ 아내가 더 나은 점

밥도 해 주고(가끔이지만), 사랑도 해 준다.

✌ 투자해서 늘어난 것은 오직

신문을 보던 남편이 투덜거렸다.

"이놈의 주식 또 떨어졌잖아! 괜히 투자를 해가지고…."

그러자 옆에 있던 부인도 투덜거렸다.

"나도 속상해요. 다이어트를 했지만 아무 효과가 없으니…."

그러자 신문을 덮은 남편이 아내의 몸을 쳐다보며 힘없는 목소리로 말했다.

"내가 투자한 것 중에서 두 배로 불어난 건 당신밖에 없어."

✌ 스스로의 위로

아내: 여어~봉~ 당신은 왜 내 사진을 항상 지갑 속에 넣고 다녀?

남편: 응, 아무리 골치 아픈 일이라도 당신 얼굴을 보면 씻은 듯이 잊게 되거든.

아내: 당신에게 내가 그렇게 사랑스럽고 중요한 존재인가 보지!

남편: 그럼! 당신 사진을 볼 때마다 나 자신에게 이렇게 얘기하거든. '이것보다 더 큰 문제가 어디 있을까?'

✌ 오리

청둥오리: 아르바이트를 가끔 하면서 애들 학원비나 반찬값 정도 버는 아내

황금오리: 전문적인 일을 하고 있어서 능력도 있고 돈도 잘 버는 아내

어찌하오리: 일은 전혀 안 하면서 남편 월급날만 기다리는 아내

✌ 말귀 못 알아듣는 남편

매일 몸이 비실거린다고 아내한테 구박만 받던 남편이 멋진 몸을 만들기 위해 헬스장을 다니며 열심히 근육을 키웠다. 근육이 탄탄히 자리 잡은 남편을 보고 놀란 친구가 자기도 근육을 키우겠다고 헬스장을 찾았다.

멋진 근육을 본 친구가 샘이 나서,

"쳇, 운동하냐?"

힘도 키웠다 싶은 남편은 으스대는 표정을 지으며 한마디 날렸다.

"아니거든! 실내화거든!"

✌ 부탁

아버지가 큰딸을 불러 엄숙한 얼굴로 말했다.

"어제 네 남자 친구가 너랑 결혼하고 싶다더구나? 난 그 정도면 만족하는데, 네 생각은 어떠냐?"

"하지만 아빠, 전 엄마를 남겨 두고 시집가는 게 너무 괴로워요."

큰딸의 말을 들은 아버지가 희망에 부푼 눈빛으로 말했다.

"그래, 그럼… 네 엄마도 함께 데리고 가면 안 될까?"

✌ 팬티의 비밀

퇴근 후 부부 생활을 위하여 준비운동으로 국민체조를 3번 했다. 아침이 되니 머리맡에는 갈아입을 새 팬티가 놓여 있었다.

팬티에 붙어 있는 글자 'TRY'.

'음… 다시 시도해 보라고…?'

다음 날 퇴근 후 체조를 10번 했다. 부부 생활 후, 다음 날 새 팬티에 붙어 있는 글자, 'BYC'.

'음… BYung Chin…?'(병신?)

다음 날 각성하는 마음으로 학교 운동장을 5바퀴 뛰었다. 그날 부부 생활 후 아침 머리맡에 놓여 있는 팬티에 붙어 있는 글자, '입센 로랑'.

'음… 입만 너무 셌나?'

그날 부부 생활 후, 다음 날 아침 머리맡에 놓여 있는 팬티에 붙어 있는 글자, '독립문'.

'음, 이제야 스스로 일어섰구나….'

다음 날 등산을 했다. 그날 부부 생활 후 아침 머리맡에 놓여 있는 팬티에 붙어 있는 글자, '쌍방울'.

'드디어 남자로 인정을 받았구나!'

다음 날 더 높은 산에 다녀왔다. 그날 부부 생활 후 아침 머리맡에 놓여 있는 팬티에 붙어 있는 글자, 'Play Boy'.

'음… 훌륭해!'

다음 날 수영도 하고 등산을 다녀왔다. 그날 부부 생활 후 아침 머리맡에 놓여 있는 팬티에 붙어 있는 글자, '좋은 사람들'.

"들'이라니… 으악!'

그다음 날 친척집에 부부 동반으로 가는 날이었다.

팬티 글자는 'Body Guard'.

'음… 가면서 보디가드 잘해야지.'

라는 생각으로 태어날 때부터 소지했던 총과 총알 두 개를 잘 살려 확인했다. 그러나 걱정이 앞섰다. 거총을 하고 보디가드를 해야 할지, 그냥 소지만 하고 해야 할지….

자녀 유머를 위해
좋은 부모가 되는 법

훌륭한 부모는 훌륭한 스승과도 같아서, 자녀는 부모의 언행을 보며 복제된다. 그러므로 나의 아이를 유머러스한 아이, 긍정적인 아이, 배려심 깊은 아이, 봉사하는 아이, 칭찬받는 아이, 행복한 아이로 키우려면 부모가 먼저 그런 사람이 되어야 한다.

그런데 우리 주변에는 수줍음이 많아 배달 음식점에 전화도 못 거는 아이, 눈에서 벗어나면 딴 짓을 하는 아이, 걸핏하면 안아 달라고 우는 아이들이 더 많다. 일상생활을 들여다보니 그 뒤에는 아이에게 공감 못 하는 엄마, 감정 조절에 서툰 엄마가 있었다.

돈 잘 버는 부모가 훌륭한 부모가 아니라, 바르게 키우는 부모가 훌륭한 부모다. 그렇다면 좋은 부모가 되기 위한 방법에는 어떤 것들이 있을까?

좋은 부모가 되는 48가지 방법

01. 즐거운 아침을 만들자. 아침의 에너지가 온종일 지속된다.

02. 아침 식사는 건강의 필수조건이다. 한국인은 밥심으로 산다.

03. 인사를 잘 시키자. 예의바른 사람은 어디서나 환영받는다.

04. 시간의 소중함을 일깨워 주자. 시간은 생명이다.

05. 기죽이지 말자. 모든 승부는 자신감이 만들어 준다.

06. 자녀에게 화를 내지 말자. 자녀는 평생 상처를 가지고 산다.

07. 꿈을 심어 주자. 꿈은 반드시 이뤄진다.

08. 긍정적인 말만 사용하자. 말이 변하면 인생이 변한다.

09. 봉사정신을 일깨워 주자. 봉사는 사람다워지는 기본이다.

10. 어른에게 양보하게 하자. 부모 공경이 따로 없다.

11. 잘 웃는 부모가 되자. 자녀의 표정도 환하게 빛난다.

12. 칭찬을 아끼지 말자. 칭찬은 능력을 100배로 향상시킨다.

13. 교양 있는 부모가 되자. 문제 부모 밑에 문제아가 생겨난다.

14. 매일 30분 이상 운동하자. 내가 건강해야 자녀를 돌볼 수 있다.

15. 스스로 알아서 하게 하자. 대신해 주면 의존심만 생겨난다.

16. 거짓말은 용서하지 말자. 바늘 도둑이 소도둑 된다.

17. 책 읽는 부모가 되자. 자녀도 독서왕이 된다.

18. 음식 먹을 때 감사 기도를 하자. 음식 성분도 변한다.

19. '고맙습니다'를 자주 쓰자. 감사하면 감사할 일이 생긴다.

20. 칭찬과 격려는 말의 보약이다. 많이 할수록 훌륭한 부모다.

21. 저축하는 습관을 길러 주자. 까먹는 아이와 저축하는 아이는 운명이 다르다.

22. TV를 끄자. 대화 독서 명상의 시간이 생겨난다.

23. 남에게 폐 끼치면 사람 노릇 못 한다. 사회악을 눈감아 줘서는 안 된다.

24. 지도자로 키워주자. 가르침으로 졸(卒)도 되고 장(將)도 된다.

25. 말하는 법을 훈련시키자. 말의 힘이 세상을 움직인다.

26. 집안일을 분담시키자. 시험 때라도 마찬가지다.

27. 생각이 미래를 움직이는 원동력이다. 상상력을 일깨워 주자.

28. 약점을 고치려 해서는 안 된다. 장점을 키워 주면 약점은 저절로 없어진다.

29. 메모 습관을 가르쳐 주자. 기록하는 습관이 천재를 만든다.

30. 떼쓴다고 받아 주어서는 안 된다. 받아 주면 제 버릇 개 못 준다.

31. 정해 놓은 시간에 놀게 하자. 시간 활용이 승부를 결정한다.

32. 좋은 친구와 사귀게 하자. 최고의 보물은 좋은 친구다.

33. 사랑을 실천하자. 사랑은 기쁨을 잉태한다.

34. 긍정의 시각을 갖게 하자. 밝은 성격과 행동이 만들어진다.

35. 생명의 존귀함을 깨닫게 해야 한다. 그것이 참사랑이다.

36. 매일 시 한 편씩 읽어 주자. 시심(詩心)은 마음의 청량제다.

37. 참고 견디는 법을 가르치자. 인생은 마라톤이다.

38. 경청을 가르쳐야 한다. 말을 많이 하면 배우지를 못한다.

39. 편애하지 말자. 편식이나 편애나 정신의 불구를 만든다.

40. 모범을 보이자. 자녀는 부모를 보고 그대로 복제된다.

41. 위하는 마음을 갖게 하자. 남을 위함이 자기를 위함이다.

42. 반복되는 잘못은 매로 다스려야 한다. 눈감아 주면 악당을 만든다.

43. 보다 나은 방법을 찾아내라. 좋은 방법은 하늘의 별만큼 많다.

44. 일관성 있게 행동하자. 변덕이 심하면 바른 삶을 살 수 없다.

45. 행복한 모습을 보여 주자. 그래야 행복한 자녀로 성장한다.

46. 자녀를 돈으로 매수해서는 안 된다. 부정부패의 원흉이 된다.

47. 남과 비교하면 비참해진다. 과거와 현재를 비교하자.

48. 공부도 게임이다. 즐겁게 공부하도록 지도하자.

✌ 아빠나 잘하세요

명호가 아들을 깨우며 소리쳤다.

"야! 일어나, 인마. 그렇게 게을러서야 원, 네 나이에 링컨은 뭘 했는지 아니?"

아들은 마지못해 일어나며 한마디 한다.

"아빠도 참! 몰라요. 하지만 링컨이 아빠 나이에 뭘 했는지는 알아요."

✌ 미국에는

한 미국인 관광객이 서울 거리의 큰 건물을 바라보고 있었다. 그때 한 한국 소년이 관광객 옆을 지나가고 있었는데, 미국인 관광객이 말했다.

"꼬마야, 미국에는 저런 건물이 저것보다 네 배나 더 크단다."

"정말요?"

"그럼 미국에는 저 건물들보다 훨씬 크고 많은 건물들뿐이야."

한국 소년이 웃으며 대답했다.

"듣던 대로 미국에는 미친 사람이 진짜 많구나. 저건 정신병원인데….."

✌️ 아빠는 이상해

민호를 앉혀 놓고 아빠는 말했다.

"짜샤, 너만 한 나이 때 아빠는 책을 읽지 않은 날은 밥도 먹지 않았어. 그리고 선생님이나 부모님 말씀은 하늘처럼 알고 실천했단 말이야."

"아빠, 참 이상해요."

"인마, 뭐가 이상해?"

"그런 사람은 커서 위대해진다는데 아빠는 지금 놀고 있잖아요!"

"위대하지. 많이 먹잖니?"

✌️ 아버지가 하는 일

선생님이 학생들의 가정환경 조사를 위해 아버지 하는 일을 물었다. 한 아이가 말했다.

"휴우… 교도소에 계십니다."

깜짝 놀란 선생님이 걱정과 미안함에 다시 물었다.

"미안하구나. 마음이 많이 아플 텐데…. 어쩌다가 들어가신 거지?"

그러자 아이가 이상하다는 듯 갸우뚱거리며 말했다.

"교도관 시험 봐서 들어갔는데요."

✌ 질문

5살배기 재석이가 엄마와 함께 지하철을 탔다. 지하철 안에는 꼬마들이 떠들고 장난을 쳐 시끄러웠다. 재석엄마는 아들에게 공중도덕에 대해 가르칠 생각으로 물었다.

"재석아, 엄마가 어떤 사람을 제일 싫어한다고 했지?"

잠시 생각을 하던 재석이가 자신 있게 말했다.

"아빠!"

✌ 성모상

남자 초등학생이 성당에 있는 성모상 앞에서 기도를 드리며 말했다.

"성모님, 내일 제가 시험 잘 보게 해 주세요. 만약 그렇게 해 주지 않으면 당신을 부숴 버리겠습니다."

우연히 그곳을 지나가던 신부님이 그 말을 듣고 성모상을 작은 성모상으로 바꿔 놓았다. 다음 날 남자 초등학생이 씩씩대며 성모상에게 말했다.

"네 엄마 어디 갔어?"

✌ 어째서?

준이가 해변에서 놀다가 엄마에게 다가오면서 말했다.

"엄마, 엄마! 이리 와 보세요. 큰일 났어요."

아이가 엄마의 손을 잡아끌고 간 곳에 비둘기가 한 마리 죽어 있었다.

"엄마, 이 비둘기 죽은 거지요? 그래서 누워 있는 거죠?"

"그래, 이 새는 하늘나라로 올라간 거야."

꼬마는 엄마의 말에 잠시 시무룩하더니 물었다.

"엄마, 근데 왜 하나님이 집어 던졌어?"

✌ 말 못하는 아기도 이럴 땐

1. 기어가기도 힘든데 걸어 보라고 할 때

2. 배고파 죽겠는데 "졸립지" 하면서 이불 속에 넣을 때

3. 더워 미치겠는데 "춥지" 하면서 두꺼운 이불 덮어 줄 때

4. 우유 먹기도 힘든데 "우리 아기 예쁘지" 하면서 밥 먹일 때

5. 엄마, 아빠하기도 힘든데 작은엄마 해 보라고 할 때

✌ 아빠였어?

동네에서 소문난 깡패 양아치 하나가 선술집에서 강소주를 마시고 있었다. 그런데 술이 거나하게 취한 한 남자가 비틀거리며 다가오더니 차마 입에 담지 못할 욕설을 내뱉는 것이었다.

"야, 이 자식아! 나 네 엄마하고 **했다!"

기가 막힌 양아치가 들은 척도 않으니 술 취한 남자는 더 큰 소리로 욕하기 시작했다.

"야! 인마! 너희 엄마 가슴이 정말 끝내주더라니까!"

순간, 모든 사람들의 시선이 양아치에게 쏠렸다. 사람들은 곧 벌어질 처참한 살육의 현장을 숨죽이며 기다리고 있었다.

잠시 후, 강소주를 들이킨 양아치가 무서운 눈으로 사내를 쏘아보며 말하기를….

"아빠! 너무 취했어요. 집으로 돌아가자고요."

✌ 순진한 애

학교 교무실로 한 통의 전화가 걸려왔다.

"4학년 2반 담임 선생님 좀 부탁합니다."

잠시 후 4학년 2반 선생님과 전화 연결.

"저, 오늘 동건이가 아파서 학교에 도저히 가지 못하겠습니다."

"할 수 없지요. 몸조리나 잘하라고 전해 주세요. 그런데 혹 전화하시는 분은 누구신지요?"

"이쪽은 우리 엄마입니다."

✌ 쉬는 날

어머니가 내려다보니, 여덟 살짜리 큰딸이 여섯 살짜리 동생을 자기들이 하는 놀이에 끼워 주지 않고 있었다.

"얘, 너는 어째서 동생을 데리고 놀지 않니?"

"너무 어려서 판을 깨니까 그렇죠."

"제발 참을성 있게 잘 데리고 놀아라."

얼마 후에 어머니가 다시 내려다보니 작은딸이 여전히 언니들의 놀이에 끼지 못하고 한쪽 구석에 앉아 있었다.

어머니가 작은딸에게 물었다.

"널 놀이에 끼워 주지 않던?"

"아냐, 엄마. 난 가사도우미인데 오늘은 쉬는 날이야."

✌ 북한이 전쟁을 일으키지 못하는 이유

첫째, 거리에는 총알택시가 너무 많다.

둘째, 골목마다 대포집이 너무 많다.

셋째, 간판에는 부대찌개가 너무 많다.

넷째, 술집에는 폭탄주가 너무 많다.

그리고 끝으로….

집집마다 거의 다 핵가족이다.

✌ 아들

아줌마의 아들이 시험을 보았다.

"'코'가 들어간 속담을 쓰시오."라고 쓰여 있는데, 답을….

"소 잃코 외양간 고친다."

✌ 아들 시리즈

1. 아들이 사춘기가 되면 남남

2. 아들이 고3이 되면 상전

3. 아들이 군대 가면 손님

4. 아들이 장가들면 사돈

5. 공부 잘해서 출세하면 국가의 아들

6. 돈 잘 버는 아들(의사, 변호사)은 장모의 아들

7. 샐러리맨은 며느리의 아들

8. 공부 못해서 취직 못해 백수로 빚진 아들은 영원한 내 아들

✌️ 어느 초등학교에서

젊고 예쁜 처녀 선생님이 수업을 진행하고 있었다. 모든 사물에 대해서는 주의 깊은 관찰력이 필요하다며, 아이들에게 그 교실에 걸린 벽시계를 가리키며 물었다.

"저 벽시계에도 있고 선생님에게도 있는 것이 뭐가 있을까요?"

한 아이가 대답했다.

"두 손이요."

다른 아이도 대답했다.

"얼굴이요."

"아주 잘 보았어요. 그럼 다시 자세히 보고 벽시계에는 있는데 선생님에게는 없는 것은 뭐죠?"

한참 침묵이 흐른 뒤 한 꼬마가 나지막하게 대답했다.

"불알이요!"

✌️ 산?

초대 손님: 저 오늘 산에 다녀왔습니다.

사회자: 운동하고 오셨습니까?

초대 손님: 아뇨, 부동산 다녀왔습니다!

✌ 문이 열렸는데요

무시무시한 영어 선생님 시간. 그러나 칠판에 필기를 마치고 돌아선 선생님을 보는 순간, 아이들은 도저히 웃음을 참을 수 없었다. 선생님의 바지 지퍼가 열려 있었기 때문.

한 학생이 용기를 냈다.

"선생님 문이 열렸는데요."

그러자 선생님 왈.

"거기 맨 뒷사람, 나와서 문 닫아."

✌ 짭새

횡단보도의 중간쯤 경찰 아저씨가 호루라기를 불며 서 있었다. 신호가 바뀌고 길을 건너는데, 꼬마가 경찰관 아저씨에게로 다가가 물어보는 것이었다.

"아저씨, 뭐 좀 물어봐도 돼요?"

"예… 얼마든지 물어보십시오."

(아무래도 사명감에 불탄 나머지 그렇게 친절하게 대답했던 것 같다.)

그러자 그 꼬마가 한 엽기적인 발언.

경찰 가슴 언저리에 있는 새 모양의 배지를 가리키며….

"아저씨, 이 새가 짭새예요?"

✌ 엄마와 아들

공부를 정말 못하는 아들에게 화가 난 엄마가 꾸중을 했다.

"아니, 넌 누굴 닮아서 그렇게 공부를 못하니? 제발 책상에 앉아서 공부 좀 해라!"

그러자 아들은 미안한 기색 없이 오히려 당당하게 말했다.

"엄마, 엄마는 에디슨도 몰라? 에디슨은 공부는 못했어도 훌륭한 발명가가 됐어! 공부가 전부는 아니잖아!"

그러자 더 열받은 엄마가 아들에게 소리쳤다.

"에디슨은 영어라도 잘했잖아!"

✌️ 한 번에요

철이네 집에 전화가 걸려 왔다.

"거기 민구네 집이죠?"

"아닌데요. 몇 번에 거셨나요?"

"한 번에요."

✌️ 세 자리 아이큐

항상 바보라고 친구들로부터 놀림을 받던 한 아이가 있었다.

"보통 사람은 아이큐가 세 자리는 돼야 해."

그 말을 들은 아이는 고개를 갸웃갸웃거렸다.

"어? 나도 세 자리인데!"

"그럼 너 아이큐는 몇인데?"

그 아이는 거침없이 큰 소리로 대답했다.

"이 십 사!"

✌ 곱빼기

중국집 아들이 국어 시험을 보고 집에 오자 엄마가 물었다.

"오늘 시험 친 것 몇 점 받았니?"

"한 개만 빼고 다 맞았어요."

"무슨 문제를 틀렸는데?"

"보통의 반대가 뭐냐는 문제였어요."

"뭐라고 썼길래 틀렸니?"

"곱빼기요."

✌ 그 애는

매일 집안을 어지럽히는 개구쟁이 아들을 둔 엄마가 어린 자식에게 날마다 회초리로 다스리기도 어려워 잠자리에 들기 전에 스스로 씻고 장난감도 가지런히 정돈하는 착한 어린이 이야기를 들려줬다.

똘망똘망한 눈으로 엄마의 이야기를 끝까지 듣던 아이가 말했다.

"엄마, 그 애는 엄마도 없대?"

✌ 천당 가기 싫어?

유치원 선생님이 물었다.

"얘들아, 천당에 가고 싶은 사람은 손을 들어라."

그러자 모든 꼬마들이 손을 들었는데 다인이 혼자만이 손을 들지 않았다. 선생님이 말했다.

"다인이는 천당 가기 싫어?"

"우리 엄마가 유치원에서 곧장 집으로 오랬어요."

✌ 알파벳

닭이 낳는 것 -R

기분 잡칠 때 - A

먹구름 뒤에 - B

수박 속에 들어 있는 - C

임신 후 낳는 것 - I

기발한 생각이 날 때 - O

시작을 알리는 사인 - Q

영국 사람들이 즐겨 마시는 것 -T

몸에 들어가면 간지러운 것 - E

코가 간지러우면 - H

모기의 밥 - P

징그러운 꼬리를 가진 것 - G

당신을 뜻하는 - U

없으면 아쉽고 있으면 귀찮은 - N(애인)

✌ 신세대 속담

1. 예술은 지루하고 인생은 아쉽다.

2. 버스 지나가면 택시 타고 가라.

3. 길고 짧은 것은 대 봐도 모른다.

4. 젊어서 고생, 늙어서 신경통이다.

5. 호랑이한테 물려가도 죽지만 않으면 산다.

6. 윗물이 맑으면 세수하기 좋다.

7. 고생 끝에 병이 든다.

8. 아는 길은 곧장 가라.

9. 못 올라갈 나무는 사다리 놓고 오르라.

10. 서당 개 삼 년이면 보신탕감이다.

✌ 천재 아들

하나를 알려 주면 열을 안다. 그야말로 '신동'이었다. 아들을 칭찬
하는 소리에 목에 잔뜩 힘이 들어가 항상 싱글벙글….

드디어 이 아이가 학교에 들어가 첫 시험을 치르게 되었다. 당연
히 만점을 의심치 않던 엄마. 그런데 이게 웬일인가? 받아 온 성
적표는 모두 빵점.

뭔가 착오가 있는 것 같아 학교에 달려가 답안지를 확인해 보니,
모든 답안지 맨 밑에 쓰여 있는 글.

"다 안다."

✌ 시간을 더

고3 학생이 수능 시험일을 얼마 남기지 않고 시간이 부족함을 느
껴서 간절히 기도했다.

"하늘이시여. 제발 한 달, 아니 보름이라도 좋으니 시간을 조금만

더 주시옵소서."

그러자 학생의 간절함에 감동했는지 하늘에서 음성이 들려왔다.

"너는 그동안 아주 착하게 살아왔구나. 또한 기도가 아주 간절하니 특별히 1년이란 시간을 더 주겠노라. 내년에 시험을 보거라."

"재수!"

✌️ 아이의 눈

어느 날 아빠는 아이를 데리고 아침 운동에 나갔다. 집을 나서서 공원 쪽으로 열심히 뛰고 있는데, 지나가던 행인이 아빠의 운동화를 보고 손짓하며 말했다.

"아저씨, 운동화를 짝짝이 신었네요."

아빠는 발을 내려다보았다. 정말 한쪽은 흰색인데 다른 쪽은 노란색이었다.

지나가던 행인들이 그 꼴을 보고 모두 웃었다.

아빠는 얼굴이 빨개져서 아이에게 말했다

"얘야, 어서 가서 아빠 운동화를 가져오너라."

아이는 쏜살같이 달려갔다.

그동안 아빠는 가로등 뒤에 숨어서 아이가 올 때까지 기다렸다. 곧 아이가 돌아왔는데, 이상하게도 손에는 아무것도 들려 있지 않았다.

"왜 그냥 왔니?"

아빠가 묻자 아이가 말했다.

"집에 있는 것도 짝짝이에요."

✌ 직업별 성적 올리는 법

채소가게 자식 – 쑥쑥 올린다.

한의사 자식 – 한방에 올린다.

성형외과 자식 – 몰라보게 올린다.

구두닦이 자식 – 반짝하고 올린다.

자동차 영업사원 자식 – 차차 올린다.

백화점 사장 자식 – 파격적으로 올린다.

목욕탕 집 자식 – 때를 기다린다.

술집 자식 – 술술 올린다.

향요법 사 – 허벌나게 올린다.

점술가 – 점점 올린다.

기 치료사 – 기차게 올린다.

✌ 명답

산수 시간에 담임 선생님이 민수에게 물었다. 민수는 반에서 성적이 늘 꼴찌였으나, 방과 후 특별 과외도 하고, 담임 선생님도 애정으로 특별히 지도해 앞으로는 반에서 10등 이내에 꼭 들어 보기로 선생님과 약속한 터였다.

"민수야! 숫자 8을 반으로 나누면 어떻게 되니?"

순간 민수가 자리에서 일어나더니 되레 질문을 했다.

"선생님, 가로로 나눠요? 세로로 나눠요? 그걸 말씀하셔야지요!"

선생님이 의아해서 말했다.

"아니, 우리 민수… 그게 무슨 말이냐?"

민수는 자신이 정말 가득한 듯, 큰 소리로 말했다.

"8을 세로로 나누면 3이 되고, 가로로 나누면 0이 되니까요!"

✌ 토마스 왓슨

또 아이비엠의 창설자 톰 왓슨 회장도 유머형 최고경영자의 전형을 보여 준다. 그가 회장으로 있을 때 한 간부가 위험부담이 큰 사업을 벌였다가 1,000만 불이 넘는 엄청난 손실을 낸 적이 있다. 왓슨에게 불려온 간부가 의기소심하게 물었다.

"물론 저의 사표를 원하시겠죠."

그러자 왓슨은 당치도 않다는 표정을 지으면서 말했다.

"지금 농담하는 건가? 아이비엠은 자네의 교육비로 무려 1,000만 불을 투자했단 말일세."

'손해비용=교육비용'이라는 넉넉한 유머로 간부의 실수까지도 끌어안은 왓슨 회장의 리더십이 돋보이는 일화다.

✌ 명연기의 덕

한때 잘나가던 극단의 단원 두 사람이 지난날을 회고하고 있었다.

"햄릿 역을 맡았을 때 죽는 장면을 연기했더니 극장 안 모두가 울음바다가 되었었지."

"참 나 원! 그게 뭐 대단해? 내가 그 장면을 연기했을 땐 내가 든 보험의 담당 직원이 그것을 보고 내 아내를 찾아가 보험금을 지불하려고 했었다네."

✌ 내 백화점

한 남자가 백화점 앞에 서서 바라보고 있는데 그 옆에서 한 노인이 담배를 피우고 있었다. 남자가 물었다.

"당신이 피고 있는 담배가 비싸지요?"

"조금 비싼 편이죠."

"그걸 하루에 몇 개비나 피우죠?"

"한 10개비 정도?"

"언제부터 피우기 시작했나요?"

"40년 전부터요."

"저런! 저런! 당신이 40년 동안 시가를 피우지 않았다면, 이 백화점을 살 수 있었을 텐데…."

남자의 말에 노인이 크게 웃으며 하는 말.

"이 백화점은 내 것이오."

✌ 섹스는 노동?

섹스가 노동인지 놀이인지 확신이 서지 않는 사람이 가톨릭 신부에게 의견을 물었다. 신부는 성경을 뒤지더니 말했다.

"섹스는 노동이므로 안식일에는 삼가야 합니다."

'신부가 어디 섹스가 뭔지 알기나 하려고'라고 그는 생각했다. 그래서 결혼한 목사를 찾아가서 답을 구했지만 역시나 같은 대답이었다.

그 답이 마음에 들지 않았던 그는 유대교 율법 박사인 랍비를 찾아가서 의견을 구했다.

"섹스는 확실히 놀이입니다"

라고 랍비는 단언하는 것이었다.

"여러 사람이 섹스는 노동이라고 하는데 어떻게 그렇지 않다고 장담하는 거죠?"

그러자 랍비는 나직한 소리로 대답했다.

"그게 노동이라면 우리 집사람이 가정부더러 그걸 하게 할 것 아닙니까?"

✌️ 바퀴 없는 건물

이범석 전 외무장관이 남북회담의 남측 대표로 일할 때의 일. 그 당시 그는 북한 측 대표와 같은 자동차를 타고 판문점을 출발해 서울로 들어왔는데, 서울로 들어설수록 엄청 많은 차들이 거리를 누비는 모습을 본 북측 대표가 이 대표에게 비아냥거리듯 말했다.

"대단하신 분들이군요. 우리에게 서울의 발전상을 보여 주려는 뜻은 알겠지만, 저리도 많은 차량을 어떻게 다 모았는디요?"

그러자 이 대표는 웃으며 이렇게 대답했다.

"맞아요. 무척 힘들었죠. 다행히 자동차는 바퀴가 달려 있어서 옮기기가 쉬웠는데 바퀴가 없는 저런 건물들까지 옮기려 하니 여간 힘이 드는 게 아닙디다."

✌️ 현재 상황

갓 제대한 두 친구가 등산을 갔다. 그런데 어두운 하산 길에서 한 친구가 그만 낭떠러지에 떨어지고 말았다.

다른 친구가 다급한 목소리로 외쳤다.

"아직 살아 있나? 오버."

"그래, 살아 있다. 오버."

"다친 데는 없나? 오버."

"그런 것 같아. 오버."

"다행이다, 다시 올라올 수 있겠나? 오버."

"그건 잘 모르겠다. 오버."

"무슨 말인가? 오버."

"아직도 떨어지는 중이다. 오버!"

✌️ 2인분의 생각

대식가로 유명한 쇼펜하우어가 어느 날 호텔 식당에서 식사를 하고 있었다. 그가 2인분의 식사를 시켜서 혼자 먹는 걸 보고 옆자리에 있던 손님이 들으라는 듯이 혼자서 중얼거렸다.

"어머! 세상에 혼자서 2인분을 먹는 사람도 있구먼!"

그러자 그 말을 들은 쇼펜하우어가 손님을 향해서 정중한 눈인사를 하며 이렇게 말했다.

"물론 나도 그런 사람 중의 하나입니다. 그렇지만 그 대신 나는 항상 2인분의 생각을 하지요."

✌ 피장파장

마크 트웨인이 책을 빌리려고 이웃집에 가자, 그 집 주인이 마크 트웨인을 보며 말했다.

"얼마든지 빌려 드리지요. 단, 여기서 보셔야 합니다. 절대로 책은 서재 밖으로 내보내지 않거든요."

며칠 후 그 이웃집 주인이 마크 트웨인에게 잔디 깎는 기계를 빌리러 오자 트웨인은 말했다.

"빌려 드리고말고요. 얼마든지 쓰십시오. 그러나 한 가지 말씀드리고 싶은 것은, 여기서 써야 합니다. 기계는 집 밖으로 절대로 내보내지 않기로 했거든요."

✌ 직원의 책임

회사가 큰 손실을 입었는데, 기획을 추천했던 직원들은 사장이 자신들에게 불호령을 내릴 것이라 걱정하였다.

그중 책임자가 사표를 낼 것을 각오하고 사장실을 찾았다. 긴장을 하고 방문했는데 의외로 사장의 얼굴은 평온했고, 책상에 앉아 무언가 적고 있었다.

"사장님, 죄송합니다. 엄청난 손실이 난 것은 저희 때문입니다."

직원은 불호령이 떨어질 것을 각오하고 있었다. 그런데 사장은 껄껄 웃더니 적고 있던 종이를 건넸다. 거기에는 회사의 손실에 관련되어 있는 직원들의 이름과, 그들이 그동안 얼마나 열심히 회사를 위해 노력했는지, 지금까지 어떤 성공적인 기획을 해 왔는지가 빼곡히 적혀 있었다.

"누군가에게 화낼 정도로 상황이 좋지 않으면 그가 어떤 일을 해 왔는지도 다 잊고 함부로 대하게 되지. 한순간의 분노가 유능한 사람들을 잃게 할 수 있어. 난 직원들이 이제까지 얼마나 노력해 왔는지를 잊을 만큼 어리석은 사람이 아닐세."

이 사장이 훗날 세계 최고의 부를 쌓았던 록펠러이다.

🖐 위기관리

어느 여자가 카네기에게 참을 수 없는 욕과 저주를 퍼부었다. 그런데 카네기는 그저 온화한 미소를 지으며 조용히 듣고만 있는 게 아닌가! 옆에 있던 친구가 물었다.

"이 친구, 이런 말을 듣고도 참을 수 있다니 대단하네. 비결이 뭔가?"

그러자 카네기가 대답했다.

"이 여자가 내 아내가 아니라는 것이 얼마나 고마운지. 그것을 생각하고 있었다네."

🖐 어?

대원군 때 청나라에서 사신이 왔는데 통사 김지영이 사신을 맞이

하여 서울 이곳저곳을 구경시키고 있었다.

경복궁에 이르자 사신이 물었다.

"이 궁전을 짓는 데 얼마나 걸렸소?"

"글쎄요, 한 3년은 걸렸을 것입니다."

김지영의 말에 청나라 사신은 헛기침을 하면서 말했다.

"저 정도는 우리 청나라에서는 1년이면 충분한데."

창덕궁 앞에 이르자 또 물었다.

"이 창덕궁은 짓는 데 얼마나 걸렸습니까?"

"한 1년 걸렸을 것입니다."

"1년?! 우리 청에서는 석 달이면 충분할걸요?"

청의 사신 허풍에 김지영은 은근히 부아가 치밀었다. 남대문에 이르러 김지영은 고개를 갸우뚱하며 사신이 들을 정도의 큰 소리로 말했다.

"어? 거 참 이상하네! 이 문은 어제 아침까지만 해도 분명 여기 없었는데 언제 세웠을까?"

✌ 소개

어느 고등학교 교장이 강당에서 새로 부임한 교사를 소개하려고 하는데, 학생들이 너무 떠들어 대는 바람에 제대로 말을 할 수가 없었다. 그러자 매우 슬픈 표정으로 입을 열었다.

"학생 여러분, 여기 이분은 왼쪽 팔이 하나밖에 없습니다."

교장 선생님의 말씀에 일순간 학생들은 물을 끼얹은 듯 조용해졌고 모두가 교장 선생님의 다음 말씀에 귀를 기울였다. 교장 선생님은 호흡을 가다듬고 조용히 말했다.

"그리고 오른쪽 팔도 하나밖에 없습니다."

✌ 두 개의 언어

김수환 추기경이 외국인들과 이야기하는 모습을 본 신부가 물었다.

"추기경님께서는 몇 개의 말을 할 수 있습니까?"

신부의 물음에 김수환 추기경은

"나는 두 개의 말을 잘하는데, 그 말이 무엇일까?"

하고 말했다. 그러자 같이 있던 국장 신부들이 대답했다.

"추기경님께서 독일에서 유학을 하셨으니 독일어를 잘하실 거 같습니다."

"추기경님께서는 일제 강점기를 사셨으니 일본어를 잘하실 것 같습니다."

그런 국장 신부들의 대답에 추기경은 고개를 좌우로 흔들며 말했다.

"둘 다 아닙니다. 저는 두 가지 말을 잘하는데 그게 뭐냐면 하나는 거짓말이고 다른 하나는 참말입니다."

✌ 결과

더럽고 꾀죄죄한 부랑자가 한 남자에게 저녁 사 먹게 만 원만 달라고 구걸하자, 남자는 주머니에서 만 원을 꺼내 들고 물었다.

"내가 이 돈을 주면 가서 술을 사 마시겠소?"

"아뇨, 술은 오래전에 끊었지요."

부랑자가 대답했다.

"그럼 이 돈으로 도박을 하겠소?"

"난 도박 안 해요. 먹고살기도 힘든 판국인데요. 어찌 감히…."

"그럼 이 돈으로 골프를 치겠소?"

"웬 개가 풀 뜯어먹는 소리요? 골프 쳐 본 지 10년이나 됐수다."

그러자 남자가 말했다.

"됐소. 그럼 우리 집에 가서 근사한 저녁이나 먹읍시다."

부랑자는 깜짝 놀랐다.

"부인이 그런 행동에 엄청 화를 내지 않을까요?"

그러자 남자가 대답했다.

"문제없소. 난 마누라에게 남자가 술과 도박, 골프를 끊으면 어떤 꼴이 되는지 똑똑히 보여 주고 싶소."

✌4등 칸

슈바이처 박사가 유럽에 도착하자, 기자와 제자 수많은 추종자들이 기차역에 모였다. 기차가 도착했음에도 불구하고 아무리 기다려도 박사는 나타나지 않았는데, 한참 시간이 흐른 후 박사가 제자의 등을 두드렸다.

"아니 박사님, 1등 칸에 타지 않으셨나요?"

"3등 칸을 탔다네."

"어쩐 일로?"

"그게 말이야, 4등 칸이 없던데?"

✌ 4x7=27

옛날에 고집 센 사람과 똑똑한 사람이 있었다. 둘 사이에 다툼이 일어났는데 다툼의 이유인즉, 고집 센 사람이 '4x7=27'이라 주장하고, 똑똑한 사람이 '4x7=28'이라 주장한 것이었다.

답답한 나머지 똑똑한 사람이 고을 원님께 가자고 말하였고, 그둘은 원님께 찾아가 시비를 가려 줄 것을 요청하였다. 고을 원님이 한심스런 표정으로 둘을 쳐다본 뒤 고집 센 사람에게 말했다.

"4x7=27이라 말하였느냐?"

"네, 당연한 사실을 당연하게 말했는데, 글쎄 이놈이 28이라고 우기지 뭡니까?"

고을 원님은 다음과 같이 말하였다.

"27이라 답한 놈은 풀어주고, 28이라 답한 놈은 곤장을 열 대 쳐라!"

고집 센 사람은 똑똑한 사람을 놀리며 그 자리를 떠났고, 똑똑한 사람은 억울하게 곤장을 맞아야 했다. 곤장을 맞으면서 똑똑한 사람이 원님께 억울하다고 하소연했다.

그러자 원님의 대답은….

"4x7=27이라고 말하는 놈이랑 싸운 네놈이 더 어리석은 놈이다. 내 너를 매우 쳐서 지혜를 깨치게 하려 한다. 어리석은 자를 상종하지 말라."

📖 지혜의 깨달음

어떤 잘난 척만 하는 한 부자가, 소신 있는 가난한 재석이 돈 많은 자신을 보고도 부러워하거나 아부를 떨지 않아 못마땅한 마음에 말을 걸었다.

"다들 나만 보면 쩔쩔매는데 당신은 왜 못 본 체하는 건가?"

그러자 재석이가 말했다.

"당신이 부자이건 아니건 나와는 아무 상관이 없는데 내가 왜 굽실거려야 되지요?"

약이 바짝 오른 부자가 다시 말했다.

"그럼 내 재산의 반을 당신에게 주면 굽실거리겠는가!"

"둘 다 재산의 양이 같아지는데 굳이 굽실거릴 필요가 없죠."

"그럼 내 재산의 전부를 준다면 아양을 떨겠는가!"

"어허 참! 그럼 내가 부자고 당신이 거지되는데 더더욱 그럴 필요가 없지 않습니까! 그땐 당신이 나에게 굽실거리시죠."

📖 아내의 나이

거울을 볼 때마다 아내는 묻는다.

"여보, 나 몇 살처럼 보여?"

하루 이틀도 아니고 끊임없는 이 질문에 아무리 대답을 잘해도 본전이다. 제 나이를 줄여서 말하면 아부라 할 것이고 제 나이를 말하면 삐치기 때문이다. 그래서 이번에는 머리를 써서 이렇게 말했다.

"응. 피부는 25세, 주름은 27세, 몸매는 23세 같아."

아내는 함박웃음을 머금고 나를 꼭 껴안아 주었다. 나는 씁쓸한 웃음을 짓고 돌아서며 혼자 중얼거렸다.

"여보, 안됐지만… 그걸 다 합친 게 당신 나이라고…."

여자를 침묵시키는 법

어느 아파트 반상회 날, 여자들 사이에 싸움이 벌어졌다. 경비원이 싸움을 말리러 오자, 여자들은 각자 자신의 입장을 밝히기 시작했다. 하지만 여러 명이 한꺼번에 떠들어 대므로 경비원은 그들의 이야기를 제대로 알아들을 수 없었다. 참다못한 경비원이 말했다.

"모두가 한꺼번에 말하면 알아들을 수가 없잖아요. 제일 나이 많은 사람부터 이야기해 보세요."

그러자 아무도 이야기를 하려고 하지 않아 싸움은 흐지부지되고 말았다.

방법

중국은 워낙 자전거를 많이 타고 다녀서 허다하게 가게 앞 담벼락에 자전거를 두고 출근을 한다. 이것이 갈수록 심해지자 주인은 담벼락에 자전거를 주차하지 말라고 온갖 경고문을 써 붙였다. 하지만 경고문도, 협박도 부탁도 모두 소용이 없었다.

그러던 어느 날, 주인에게 기발한 꾀가 생각났다. 그 후 모든 자전거가 담벼락에서 자취를 감추었다. 그 꾀란 것은 바로 이것이었다.

'자전거를 공짜로 드리오니 맘에 드시면 언제든 가져가십시오.'

✌️ 메뉴판

수술을 마치고 늦게 귀가하던 의사가 너무 배가 고파 레스토랑에 들어갔다.

"음… 뭘 먹을까? 너무 시장하다."

그때 웨이터가 메뉴판을 들고 다가오는데 폼이 영 어정쩡한 것이 엉덩이 쪽이 불편해 보였다. 의사가 웨이터를 보며 말했다.

"혹시 치질 있습니까?"

웨이터 왈….

"메뉴판에 있는 것만 시키세요."

✌️ 신발

기차에 오르면 간디가 실수로 신발 한 짝을 떨어뜨리고 말았다. 하지만 열차에 속도가 붙어서 신발을 주울 수 없었다. 그러자 간디는 나머지 한 짝을 벗어 들더니 마저 떨어뜨렸다. 그것을 보던 친구가 이유를 묻자 간디가 대답했다.

"누군가 저 신발을 줍는다면 두 짝이 다 있어야 신을 수 있을 것 아닌가?"

✌️ 대중탕과 독탕

오랫동안 홀아비로 지내던 할배가 칠순을 맞게 되었다. 며느리는 시아버지에게 거금 4천 원을 내밀며 말했다.

"아버님, 내일모레 칠순잔치를 하니 시내에서 목욕하고 오세요."

시아버지가 목욕탕엘 갔더니 3천5백 원을 받고 5백 원을 돌려주었다. 뜨거운 목욕탕에서 때를 말끔히 벗기고 나니 몸이 날아갈 것 같았다.

목욕을 하고 나온 할아버지는 상쾌한 기분을 어떻게 하면 오랫동안 지속할 수 있나 곰곰이 생각하다가 옛날에 친구와 놀러 갔던 어느 과부집을 생각해 냈다. 과부집에서 실컷 재미를 본 할부지가 남은 돈 5백 원을 기분 좋게 과부댁에게 주고는 폼 잡고 나오는데 과부댁이 말했다.

"아니, 이기 뭐꼬?"

"와? 뭐시 잘못됐나?"

"5백 원이 뭐시고? 남들은 10만 원도 주는데….."

"이기 미쳤나? 이 몸을 모두 목욕하는데도 3천5백 원인데… 고 쪼깨한 거 하나 씻는데 5백 원도 많지!"

"흐이구~ 할부지야! 거기는 대중탕이고 요기는 신선한 독탕이야….."

📖 가장 중요한 일

세계적인 자동차 회사 미국의 '제너럴 모터스'사 최고의 엔지니어 찰스 케터링은 뛰어난 기술로 업계에서나 사회적으로도 유명하였다. 어느 날 한 모임에서 진행자가 그의 '신화의 손'을 높이 들며 물었다.

"케터링 씨, 이 손으로 어떤 중요한 일을 하였습니까?"

진행자는 물론 모임에 참석한 사람들은 모두 '자동차의 탄생!'이라는 말을 예상했는데, 의외의 대답이 나왔다.

"가장 중요하게 했던 일은 이 손으로 두 손을 잡고 기도한 일이었습니다."

🖐 참교육

찰스 2세가 웨스트민스터 스쿨을 방문한 적이 있었다. 교실을 안내하며 다니는 버즈비 교장은 모자를 쓴 채 의연하게 걷는데, 그 뒤를 따르는 찰스 2세는 모자를 벗어서 팔 아래에 끼고 공손하게 걸었다. 그 광경을 학생들이 모두 보았다.

그 후 찰스 2세가 떠날 때가 되자, 교장이 문가에서 진심으로 사과했다.

"폐하, 이 학교에 저보다 더 위대한 분이 계시다는 것을 학생들이 생각하게 되는 날엔 제가 그들을 다스려 나갈 도리가 없어 그랬습니다. 신의 불경을 용서하소서."

✌️ 우울증

어느 정신병원에 남자가 찾아왔다.

"선생님, 저는 아주 우울하고 죽고 싶습니다. 왜 사는지 모르겠습니다."

의사가 말했다.

"참, 안됐군요. 저기 길 건너에 찰리 채플린의 공연을 보시면 가슴이 뻥 뚫리고 후련해질 것입니다."

그러자 남자는 한숨을 푹 쉬더니 한마디 한다.

"내가 바로 찰리 채플린이오!"

✌후회

전 현대그룹 회장 고(故) 정주영 회장의 소년 시절 이야기이다. 소년 정주영이 무작정 상경 길에 올랐는데 나루터에 도착한 그는 자신이 빈털터리임을 알고 한참을 망설이다 배에 올랐다. 잠시 후 뱃삯이 없는 게 들통이 난 정주영은 뱃사공에게 뺨을 맞고 욕을 들었다.

"네 이놈, 돈 없이 배를 탄 거 후회되지?"

그러자 정주영이 답했다.

"후회돼요. 뺨 맞은 것 때문이 아니라 뺨 한 번이면 그냥 탈 수 있었는데 이제야 탄 게 너무 후회스러워요."

✌그 말이 그 말

기자가 신문에 이런 내용의 기사를 냈다.

"정치인의 반은 바보다."

화가 난 정치인이 당장 기사를 수정하라고 하자, 다음 날 신문에 난 기사.

"정치인의 반은 바보가 아니다."

✌️ 술

술을 너무 좋아하던 사람이 죽어 가며 친구에게 말했다.

"내가 죽으면 내 무덤에 올 때마다 아주 맛 좋은 양주 한 병을 통째로 뿌려 주게."

이 말을 들은 친구가 웃으며 말했다.

"알겠네, 걱정하지 말게. 좋은 양주를 내 콩팥으로 걸러서 뿌려 주지(그러게 웬 술을 그리 마셨남?)"

리더 유머와
윈스턴 처칠

유머는 무엇과도 비교할 수 없는 삶의 활력소이다. 특히 리더에게 필요한 것이 포용력, 창의력, 설득력 그리고 삶을 긍정적으로 바라보는 여유라면 그것을 가능하게 해 주는 것이 유머다.

성공하고 싶고, 리더가 되어 많은 사람들에게 호감을 얻으려면 유머 감각부터 익혀야 한다. 좋은 유머는 사람들 사이에서 때로는 해결사가 되고 때로는 회초리가 된다. 서로 낯을 붉혀 가며 시시비비를 가리는 것보다도 한마디의 적절한 유머로 분위기를 평정하는 것이 좋다.

유명한 리더의 일화를 보면 한결같이 유머를 즐기고, 그 유머를 통해 고난을 극복해 왔으며 삶을 긍정적으로 변화시키는 데 활용해 왔음을 알 수 있다. 유머는 고난에서 견딜 수 있는 힘을, 삶을 긍정적으로 대처할 수 있는 능력을 키워 준다는 것을 알 수 있다. 대통령도 유머 감각이 있어야 당선되고, CEO도 유머 센스가 있어야 인기다. 이젠 유세장에 가지 않아도 TV로 안방에서 후보를 비교할 수 있는 시대다.

유머와 웃음이야 말로 가장 중요한 비교 요소가 아닐까? 여기에다 대통령이 특유의 유머를 가지고 있다면, 경제가 아무리 어렵다고 하더라도 국민들은 웃음을 찾을 수 있을 것이다. 유머로써 국민들의 삶에 활력소(카타르시스)를 주고 국민들에게 비전을 제시해 주자.

국민들에게 희망과 용기와 비전을 주기 위해서는 당연히 자기 자신이 희망을 잃지 않는 낙관적인 심성을 지녀야 한다. 쉽게 절망하고 쉽게 포기하는 사람은 아무리 능력이 있다 하더라도 유능한 리더가 될 수 없다. 리더에게 필요한 긍정의 힘은 유머리스트의 기본과도 일맥상통한다.

유머는 힘이고, 긍정이고, 배려다. 유머는 건강과 행복을 주는 이 시대의 선물이다. 삶의 활력을 주는 영양제 같은 유머를 리더는 자신이 책임지고 있는 조직에, 지도자는 국민에게, 끊임없이 나누어 주자.

리더가 되는 11가지 조건

1. 리더는 조직 안에서 일어나는 모든 상황에 대해 정확히 잘 알고 있어야 한다.

2. 리더는 맡은 바 일에 책임감이 강해야 한다.

3. 리더는 공정한 마음과 정의로움이 있어야 한다.

4. 리더는 판단력과 결단력이 있어야 한다.

5. 리더는 용기가 있어야 한다.

6. 리더는 스스로를 엄격하게 통제할 수 있어야 한다.

7. 리더는 계획을 수립, 실행하는 능력을 갖추어야 한다.

8. 리더는 부하의 잘못을 바로잡을 줄 알고 봉사의 마음을 가져야

한다.

9. 리더는 성격이 긍정적이고 상대방을 배려하는 마음을 가져야 한다.

10. 리더는 한쪽으로 치우치거나 편견을 가져서는 안 된다.

11. 리더는 자신의 이익부터 우선시하지 않아야 한다.

재담가로도 유명한 윈스턴 처칠

제2차 세계대전 기간에 영국을 지도했던 정치인 윈스턴 처칠은 『제2차 세계대전 회고록』으로 1953년에 노벨 문학상을 수상했으며, 2002년 BBC에서 '100명의 위대한 영국인'을 뽑는 설문에서 시청자 100만여 명의 표를 받아 가장 위대한 인물로 선출되었다. 또한 그는 〈타임〉이 선정한 가장 영향력 있는 지도자 중 한 사람이기도 하다.

✌ 죽은 새

처칠이 정계에서 은퇴한 후, 80이 넘어 한 파티에 참석하게 되었다. 그때 처칠의 젊은 시절 유머 감각을 기억하는 한 부인이 짓궂게도,

"어머, 지퍼가 열렸어요."

라고 하니까 모든 시선을 받은 처칠이 씩 웃으며,

"죽은 새는 새장을 나오지 않습니다."

하며 지퍼를 올렸다.

✌ 숨기는 게 없다

2차 대전 초기 국가적인 부탁을 하기 위해 미국을 방문한 처칠이

샤워를 하고 있는데, 갑자기 루스벨트 대통령이 방문해 딩동 벨을 눌렀다. 급히 문을 열어 주려던 중, 처칠의 허리에 감고 있던 수건이 스르르 내려갔다.

처칠은 어색한 분위기에 전혀 당황해하지 않고 양팔을 넓게 벌리며 말했다.

"보시다시피 영국수상은 미국과 미국 대통령에게 아무것도 숨기는 것이 없습니다."

✌ 질문

미국을 방문한 처칠에게 한 여인이 질문을 던졌다.

"연설을 할 때마다 이렇듯 많은 사람들이 모여드니 정말 좋으시겠어요?"

처칠이 웃음을 지어 보이며 말했다.

"물론 기분이 좋지요. 내가 만일 정치 연설을 하는 게 아니라 교수형을 당하는 것이라면 지금보다 훨씬 더 많은 2배 이상의 사람들이 몰려올 텐데… 유감입니다."

✌ 신문 기사

어느 날 처칠의 비서가 일간 신문을 들고 들어와 처칠 앞에 그 신문사를 비난했다. 처칠을 '시거를 문 불독'으로 묘사한 내용을 실었기 때문이다. 처칠은 신문을 물끄러미 바라보더니 이렇게 말했다.

"기가 막히게 잘 그렸군. 벽에 있는 내 초상화보다 훨씬 나를 닮았어. 당장 초상화를 떼어 버리고 이 그림을 오려 붙이게나."

늦게 일어나는 이유

처칠이 처음 하원의원 후보로 출마했을 때, 처칠의 상대 후보는 인신공격도 마다하지 않았다.

"처칠은 아침에도 아주 늦게 일어나는 게으른 사람이라고 합니다. 저리 게으른 사람을 의회에 보내서야 되겠습니까?"

처칠은 아무렇지 않게 여유를 부리며,

"자, 후보도 나처럼 예쁜 마누라와 산다면 아마도 아침에 결코 일찍 일어긴 힘들었을 겁니다."

연설장에는 순식간에 폭소가 터졌다. 처칠은 자신을 비난하는 것을 유머로 맞받아칠 수 있는 여유를 가진 덕에 상대 후보를 제치고 압도적인 차이로 당선되었다.

까짓 거

2차 세계대전 당시 전 세계의 결속을 모으는 연설을 하러 방송국에 가야 했던 처칠. 택시를 잡아 BBC방송국으로 갈 것을 요구했지만 택시기사는 뒤통수를 긁적이며 이렇게 말했다.

"죄송합니다. 손님, 오늘 전 그렇게 멀리까지 갈 수 없습니다. 1시간 후에 방송되는 윈스턴 처칠경의 연설을 들어야 하거든요."

처칠의 얼굴을 몰라보는 택시기사의 말에 처칠은 기분이 좋아져 1파운드 지폐를 꺼내 건넸다. 돈을 받은 기사는 처칠을 향해 돌아

보며 눈을 찡긋거리며 말했다.

"타십시오, 손님! 처칠이고 뭐고 우선 돈부터 벌고 봐야겠습니다."

이 말을 듣고 택시에 탄 처칠.

"그럽시다, 까짓 거!"

✌ 국민을 위해서라면 기꺼이

처칠은 연단 위에 오르려다 넘어져 청중들이 웃자, 마이크를 잡고 말했다.

"제가 넘어져 국민이 즐겁게 웃을 수 있다면 다시 한 번 넘어지겠습니다."

언제나 어떤 상황에서도 유머를 사용했던 처칠이 조울증이었다는 사실은 잘 알려져 있지 않다. 기분이 최고로 올랐다가 다시 우울해지는 조울증이었음에도 처칠은 웃음과 유머를 즐겼다.

그는 부하들에게 항상 이렇게 말했다.

"웃으시오. 그리고 부하들에게 웃음을 가르치시오. 이도 저도 아니라면 제발 저리 비키시오."

✌ 괜찮은 사람

몽고메리 장군은 북아프리카에서 제8군을 지휘할 시절 처칠에게 독일군에 대한 공세를 빨리 취하라는 열화 같은 독촉 때문에 처칠을 별로 좋게 생각하지 않았다.

그가 육군참모총장이 되어 처칠을 만났을 때 이런 농담을 했다.

"저는 술과 담배를 하지 않는 100프로 괜찮은 사람입니다."

처칠이 넉살 좋게 웃으며 대답했다.

"저는 술과 담배를 하는 200프로 괜찮은 사람입니다.

쓸데없는 걱정

영국의 처칠 수상은 재담가로도 유명하다. 처칠은 90세까지 장수했는데, 말년에 어느 기자가 처칠을 인터뷰하고 나서

"내년에도 건강하게 다시 뵈었으면 좋겠습니다."

하고 말했다. 그러자 처칠이 여유 있게 말했다.

"여보게, 내년에도 못 볼 이유가 뭐 있겠나. 내가 보기에, 자네는 아주 건강해 보여. 아마도 내년까지는 충분히 살 것 같아. 걱정 말게."

의사의 말

1940년 첫 임기가 시작되는 날, 연설을 마치고 화장실에서 일을 보는데 그곳의 직원들은 처칠의 모습에 당황했다. 만세를 하듯 벽에 두 팔을 붙이고 볼일을 보고 있었던 것이다. 그들이 처칠에게 묻자 처칠이 말했다.

"의사가 무거운 것을 들지 말라고 해서."

　사람들은 혼자만의 힘으로는 살아갈 수 없기 때문에 타인과 더불어 살아간다. 그 결과 우리 주위에는 수많은 모임이 있고 그중 하나쯤은 속해 있을 것이다. 모임의 성격이 학술적인가 사교적인가, 규모가 큰가 작은가와 상관없이 그 모임을 가면 얻을 것이 있고 가야 할 필요성을 느껴야 참석하게 된다.

　모임에는 구성원들이 있어야 하는데, 그 구성원에 의해 나가게도 되고 발길을 끊게 되는 경우도 가끔 있다. 모임을 원활하게 이끌어 가는 것은 리더의 역할 중 하나인데, 리더가 재미있으면 우선 구성원들을 잘 화합하게 만든다.

　진정한 리더십은 위기에서 발휘된다는 사실을 알고 있는가? 진정한 리더는 위기를 기회로 바꿀 수 있는 능력을 가진 사람이다. 그렇다면 위기를 기회로 바꾸는 능력은 어디에서 나오는 걸까? 그것은 바로 재미(Fun)다. 재미의 원천은 바로 긍정이고 여유이자 배려이기 때문이다.

　미국 40대 대통령이었던 로널드 레이건은 암살기도 사건으로 총을 맞았을 때 자신을 걱정하는 보좌관들에게 "자네들이 여기 있으면 가게는 누가 보나?"라고 말해서 국민들의 지지율을 상승시켰다. 시간이 흘러 국민의 지지율이 떨어지기 시작하자 걱정하는 보좌관들에게 "걱정하지 말게. 그까짓 지지율, 내가 한 번 더 총 맞으면 될 것 아닌가?"라고 말했다.

로널드 레이건은 임기 기간 동안 기자 욕설 사건, 이란 인질 협상 사건, 저격 사건 등 정치적으로 위기의 상황이 많았지만 이런 위급한 상황을 유머로 날려 버리는 재미있는 리더였다.

영국의 엘리자베스 여왕도 굉장히 유쾌한 리더였다. 엘리자베스 여왕이 통가제도를 방문했을 때 어디선가 날아온 달걀 세례를 받았다. 다음 날 엘리자베스 여왕은 국회연설에서 "난 달걀을 좋아하는 편인데 가능하시면 아침 식사 시간에 주셨으면 좋겠습니다."라고 말했다.

우리는 로널드 레이건과 엘리자베스 여왕처럼 재미있는 리더가 되어야 한다. 물론 재미있는 리더가 모두 다 성공하고 영향력을 끼치는 것은 아니다. 그러나 세상에 영향력을 끼친 성공한 사람들은 거의 재미있는 리더였다. 그러므로 재미있는 리더가 되어야 한다.

재미있는 리더로 살아가자. 짜증나는 일상을 재미있게 바라보자. 스트레스 많고 살기 힘들어도 긍정적이고 재미있게 살다 보면, 긴박한 상황에서도 여유를 가질 수 있고 견딜힘도 생긴다.

세계적인 작가 도스토예프스키는 "사람의 웃는 모습을 보면 그 사람의 본성을 알 수 있다. 누군가를 파악하기 전 그 사람의 웃는 모습이 마음에 든다면 그 사람은 선량한 사람이라고 자신 있게 단언해도 되는 것이다."라고 말했다.

삶을 즐겁고 상쾌하게 살아가는 재미있는 모습은 어떨까? 다른 사람이 봤을 때 좋은 사람이라고 말해도 좋을 만큼 밝고 아름다운 모습일 것이다. 그래서 재미있고 밝은 사람은 사람들에게 인기가 있다. 재미있는 사람이 되는 건 나를 위해서뿐 아니라 다른 사람들에게도 좋은 일이다. 밝고 좋은 에너지는 다른 사람에게도 전염되기 때문이다.

재미있는 사람이 되는 방법은 많다. 하지만 웃음과 유머를 사용하는 것만큼 빠르고 쉬운 방법은 없을 것이다. 스트레스를 받고 어려운 상황에서도 웃음과 유머를 통해서 여유를 가지고 미소를 지을 수 있다. 가장 중요할 수 있는 사람들과의 관계 속에서도 우리는 미소로 소통하면서 사람들에게 긍정의 이미지를 각인시키고 끌림을 만들 수 있다. 그리고 이 모든 것은 우리가 원하는 성공을 성취하게 도와준다.

우리는 23년 가까이 힘든 상황에 처한 많은 조직과 사람들을 웃게 하고 긍정적으로 변화시키는 데 사명감을 가지고 일해 왔다. 농담처럼 우리는 나라에서 표창장을 받아야 한다고 말한다. 사회를 밝게 하는 데 일조하고 있기 때문이다. 우리가 바쁘다는 것은 여기저기 웃음과 긍정 에너지가 필요하다는 증거였다.

유머와 웃음은 가까이에 있을 땐 힘들고 벅찼던 일들도 한발 물러서면 마음이 한결 가볍게 느껴지는 것을 느낄 것이다. 찰리 채플린의 말처럼 인생은 가까이에서 보면 비극이지만 한 발자국 떨어져서 보면 희극이기 때문이다. 재미있게 살기 위해 유머를 사용하면 웃을 수 있고, 그렇게 웃다 보면 스트레스의 강도가 줄어든다. 그러니 재미있게 일하고 재미있게 살기를 바란다. 반드시 좋은 일들이 가득할 것이다.

이 책이 코로나 19로 인해 일상이 뒤바뀌고 힘드신 분들에게 조금의 위안이 되고 비타민의 역할이 되기를 바란다. 입만 열면 일상이 유머가 되는 박인옥 원장, 귀한 것이 사람이니 소유 말고 공유하자고 외치며 미소 짓게 만드는 김병일 회장이 조금만 더 희망을 가지고 참아 보시라고 이 책을 올린다.

김병일 · 박인옥 올림

* 참고 도서 *

- 김선진,『텔레비전 리얼 버라이어티 시청자 유형연구: 재미요소를 중심으로』, 고려대학교 대학원 박사학위 논문, 2016.
- 박인옥,『유머소구광고와 광고 효과가 기업 이미지에 미치는 영향』, 석사 논문, 2007.
- 박인옥·윤천성,『재미의 개념에 대한 영향요인 검증연구』, 인문사회21 제10권5호 별쇄, 2019.
- 박인옥,『은퇴예정자의 성격유형(BIG5)과 여가활동 관계에서 재미의 매개효과와 자아존중감 조절효과 연구』, 박사 논문, 2019.
- 남재혁,『리더의 감성지능과 리더십 스타일에 관한 연구』, 한국항공대 대학원, 2005.
- 정미영,『스피치 커뮤니케이션 이론과 실제』, 한국학술정보
- 문승권·문형남·신정길,『감성경영과 감성 리더』, 넥스비즈, 2008.
- 조광현·ETRC 센터장,『인간의 감성을 읽는 기술과 서비스』, 2011.
- 신정길,『감성경영 감성 리더십』, 넥스비즈, 2004.
- 최광선,『인간관계 명품의 법칙』, 리더북스, 2006.
- 하준호,『한국적 감성 리더십』, 미래문화사, 2011.